怖くて眠れなくなる科学

可怕得让人睡不着的科学

[日] 竹内薰 著

王谦 译

北京时代华文书局

图书在版编目（CIP）数据

可怕得让人睡不着的科学 /（日）竹内薰著；王谦译 . — 北京：北京时代华文书局，2019.6（2022.11 重印）

ISBN 978-7-5699-3021-4

Ⅰ . ①可… Ⅱ . ①竹… ②王… Ⅲ . ①科学知识－青少年读物 Ⅳ . ① Z228.2

中国版本图书馆 CIP 数据核字（2019）第 074513 号

北京市版权局局著作权合同登记号　图字：01-2018-5389

KOWAKUTE NEMURENAKUNARU KAGAKU

Copyright © 2012 by Kaoru TAKEUCHI

Illustrations by Yumiko UTAGAWA

First published in Japan in 2012 by PHP Institute, Inc.

Shimplified Chinese translation rights arranged with PHP Institute, Inc.

through Bardon-Chinese Media Agency

可 怕 得 让 人 睡 不 着 的 科 学
KEPADE RANG REN SHUIBUZHAO DE KEXUE

著　　者 |［日］竹内薰

译　　者 | 王　谦

出 版 人 | 陈　涛

选题策划 | 高　磊

责任编辑 | 邢　楠

装帧设计 | 程　慧　段文辉

责任印制 | 訾　敬

出版发行 | 北京时代华文书局 http://www.bjsdsj.com.cn

　　　　　北京市东城区安定门外大街 138 号皇城国际大厦 A 座 8 层

　　　　　邮编：100011　电话：010-64263661　64261528

印　　刷 | 河北京平诚乾印刷有限公司　　　电话：010-60247905

　　　　　（如发现印装质量问题，请与印刷厂联系调换）

开　　本 | 880 mm × 1230 mm　1/32　　印　张 | 6.5　　字　数 | 104 千字

版　　次 | 2019 年 7 月第 1 版　　　　印　次 | 2022 年 11 月第 18 次印刷

书　　号 | ISBN 978-7-5699-3021-4

定　　价 | 35.00 元

自序

是从什么时候开始觉得，科学变得可怕了呢？

我记得大概是在小学的时候，我一个人躺在自己房间的被窝里，一边抬头看着头上的天花板，一边想象着"宇宙中是否有和地球完全一样的星球，那里是否有和自己完全相同的人"的时候，突然感觉到非常害怕。

上中学的时候，当我看到卓别林演的《摩登时代》（*Modern Times*），在已经完全机械化的世界里，人类没能追上传送带而引起的混乱，以及被强行要求刷牙的场景，在感到非常好笑的同时，也莫名地担心，如果人类真的追不上科学技术的发展脚步，那会是多么可怕的一件事情。

这种对科学恐惧的根源，或许能从科学的发展史中找到答案。和伽利略出生在同一时代的乔尔丹诺·布鲁诺（Giordano Bruno），因为反对"地心说"，并主张"在宇宙中有无数个像地球一样的天体"的宇宙观，被宗教裁判所判为"异端"，最终被活活烧死。

在工业革命之后，一场抵制工厂恶劣劳动条件并摧毁机器的"卢德运动"暴发了。这场抵抗运动发生的背景或许很复杂，但可以肯定的是，当时人们对科学技术的"单纯的恐惧"或者"厌恶感"是起因之一。

虽然在日常的工作中，我一直致力于传达科学技术所带来的便利并享受那种令人兴奋的感觉，但同时也不停地告诫自己，科学技术本身是一把"双刃剑"。例如，飞机让人的出行变得很方便，但它一旦坠毁，那将是一场灾难。个人电脑和智能手机的存在对信息社会来说是至关重要的，但同时带给你的还有高额的费用，眼睛的疲劳，以及晚上的睡眠不良。日本以前一直通过核能发电来获取廉价的电力，但自从福岛第一核电站发生事故以来，核能发电的安全问题遭到质疑，核能发电的政策和方针开始逐渐被修改。

在本书中，将重点关注这种科学的"背面"，并通过各种与科学相关的主题，来进一步思考，科学的什么地方是可怕的，以及为什么科学会令人感到可怕。当然，可怕的程度本身存在个体差异，因此可能会有一些读者觉得

"这并不可怕呀"或者"还有更可怕的东西啊"。本书收集到的一些与可怕的科学相关的内容，都是按我个人的可怕程度为基准的，所以读者可以根据自己的喜好，跳过那些不感兴趣的主题。

在了解科学背后的面孔的基础上，再进一步深度思考科学。这种想法，支撑我写完了这本书。

哎呀，一不小心变成一个复杂的话题了。一定要反省，再反省。首先，请跳过那些令人头痛的理论，就像逛鬼屋、读恐怖小说一样，去体验科学的可怕吧。

那么，请随我一起进入"可怕"的科学世界！

竹内薰

于女儿节

前言
其实重要的是名为恐惧的这种感情

首先，什么是恐惧？

恐惧的情绪来自哪里呢？首先，我想从科学的角度，对恐惧产生的机制进行分析。

恐惧的情绪和大脑的杏仁核有关。大脑是如何产生恐惧的呢？事实上，恐惧的激发机制直到现在还没有完全被阐明。但唯一已知的是，大脑的杏仁核是感觉到恐惧所必不可少的东西。杏仁核的"杏仁"二字就指的是"杏仁"的意思。如其字面那样，呈杏仁形状的杏仁核在人的大脑中一共有两个。

例如，在动物实验中，杏仁核被损伤的小白鼠，似乎根本不害怕猫。换句话说，当杏仁核因为某些原因不起作用时，人或动物就不会感到恐惧。

在人类的世界中，也有一位非常著名的罹患杏仁核损伤的病人。由于无法进行相关的人体实验，因此此类病人的病例就显得尤为重要。

这位患者是一位名叫S·M的女性，2001年12月的时候满44岁，她患有一种称为局灶性双侧杏仁核损伤的疾病。这是一种罕见的遗传性疾病，遗传病的名称叫作类脂质蛋白沉积症（又称Urbach-Wiethe病）。

科学家们对这位女患者做了一系列的实验，得到的结果是，她即使见到别人由于恐惧而表现出的面部表情，也"不会意识到对方是在害怕"。

然后，科学家们对这位女患者做了进一步的实验，让她体验"看蛇和蜘蛛""看恐怖电影""参观鬼屋""回忆过去的惨痛经历"等，然后询问她在特定情况下感觉到的恐惧程度。

这个实验持续了三个月，通过其随身佩戴的设备随机询问这位患者"现在感觉到的恐怖程度大概有多少？"来记录她在各种情况下是否感觉到恐惧。

她虽然不喜欢蛇和蜘蛛，但她一旦去宠物店，就会马上用手去触摸蛇和蜘蛛。这是因为，她没有恐惧的概念，所以不可能克服自己的好奇心。由于人类具有冒险精神和好奇心，对于未知的东西，人类都喜欢去探索答案。然而，另一方面，人类又会担心，如果那个未知是具有攻击性的东西或动物，自己则有可能会被杀死。我们总是在平衡着恐惧心和好奇心。

当我看到我6个月大的孩子第一次接触猫的时候，感到非常有趣。由于孩子一开始还没有对猫的恐惧感，刚接近猫就突然抓住了猫的毛发。在被生气的猫用爪子拍打过后，当孩子再接近猫时，最初试图以同样的方式触摸猫，但他的手刚伸出去，马上又缩了回来。我想孩子试图抚摸猫时，手伸出去又收回来的动作，正是因为产生了某种接近于恐惧的情感。

换句话说，想要抓住这猫的毛发的"好奇心"与害怕受到猫爪子攻击的"恐惧心"并存，即使在婴儿时期，人类已经开始在平衡这两种心理了。

正是因为恐惧，人类才能保护自己

患者S·M的情况是，"恐惧"的那部分消失了，只有好奇心在推着她前进。她似乎永远不会成为PTSD（创伤后应激障碍）的患者。因为她的杏仁核无法发挥正常功效，所以即使在很危险的情况下，她也无法意识到那是危险，因此不会感觉到恐惧。由于没有恐惧的记忆，所以她不会患上PTSD。

有一次，她被一个貌似吸毒成瘾的男人用一把刀威胁，但是她并没有感到害怕。当时正好附近教堂的合唱团在唱圣歌，她听到歌声后对着歹徒说："如果你杀了我，天使都不会沉默下去！"那个歹徒看她根本不害怕甚至说着一些莫名其妙的话后，就惊慌失措地逃走了。

因为感觉不到恐惧，所以即使在遇到生命危险时也根本不会想到要逃跑。很幸运的是在那种情况下歹徒逃跑了，如果歹徒没有选择逃跑的话，她或许就会失去生命。如果这样想，你会发现恐惧的情绪对于人类的进化是非常必要的。也就是说，感觉不到恐惧的人会有很大概率无法生存下去。

当感觉到恐惧的时候，人类会退缩、隐藏或者逃跑。如果感觉不到恐惧，人类就会一步步走向危险，然后被吃掉或被杀死，他们的后代也就不会传承下来。因此，那些容易感到恐惧的人往往有更高的概率活下来。

然而，在现代社会，却有一种奇怪的现象是"容易感到恐惧的人反而过得不是很好"。

本来，"在多数人面前讲话会感到害怕"的心理是非常正常的。很多陌生人聚集在一起的时候，周围的人有可能全都是敌人，自己有可能被他们捕获，奴役或者屠杀。所以，在人面前大声说话是一种很危险的行为。

但是在现在的社会，如果无法在多数人面前流利地说话，就不能成为领导者。政客是最能说的，不是吗？即使政客说再多的话，他们也不会被暗杀（除了一些国家），所以他们才会说那么多。

关于恐高症，人类的祖先可能有一段时间在树上生活过。因为有在树上生活过的经历，去到太高的地方的话，会有一个很大的概率，那就是会掉下去摔死。这就是为什么人类有"我不想去高的地方"的自然生理反应。因此恐高症也是生存所必要的一种心理机能。

不过，现在的社会里，越来越多的富裕人群开始住在高层的公寓，游乐园里从高处急速冲下的过山车也比比皆是。从这个角度看的话，对于现代社会中生活在都市的人们来说，恐高症并不是一种好的生理机能。

各种各样的恐惧症

在各种各样的恐惧症中，有"幽闭恐惧症"和"广场恐惧症"。

幽闭恐惧症是指，被逼迫到一个非常狭窄封闭的地方，因为无法逃脱，所以就会"有可能被其他动物吃掉"的恐惧心理。换句话说，这是一条"作为猎物被追逐时不应该进入死胡同"的生存准则。所以说幽闭恐惧症是以前人类生存的必要的心理机能。

相反地，在开阔的地方，比如广袤的大草原中，因为太显眼，人类会有被其他食肉动物当作猎物吃掉的风险。这种恐惧症叫作广场恐惧症。这与幽闭恐惧症没有任何冲突，而且相关联的是，在这些类似的极端情况下失去生命的风险都会很高。如果这样考虑的话，可以说"×××恐惧症"是人类艰辛备尝之后而获得的生存所必需的战略本领。

另外还有巨大物体恐惧症。这是指对巨大的物体感到害怕的一种恐惧症。这也许是人类最原始的情感。在恐龙称霸的时代，我们哺乳类动物的先祖们，通过体积变小些并且变成"夜行侠"来四处逃亡。如果大型生物来了，那么被吃掉的可能性很大，自然而然地，对巨大的物体抱有恐惧心理也就可以理解了。例如类似《哥斯拉》[1]那样的恐怖电影，怪物比人类大了好多倍，就是通过人类潜在的对巨大物体的恐惧心理来渲染恐怖。

然后还有害怕尖锐物体的尖端恐惧症。在接近尖锐物体时有很高的概率会受伤，所以远离尖锐物体是为了避免危险的一种本能。在阿尔弗雷德·希区柯克（Alfred Joseph Hitchcock）导演的恐怖片《惊魂记》（*Psycho*）中，有一个主人公拿刀反复刺入女性受害人身体的场景。即使无法看到被刺伤口的镜头，观众也会因为自动"脑补"血流满地的画面而感到恐惧。虽然这是一部黑白电影，但通过巧妙地利用了人类的尖端恐惧症，所造成的恐惧效果会翻倍。

此外还有害怕水的水恐惧症。虽然在生活中，水是一种很普通而且必不可少的物质，但实际上水真的很危险。根据日本年度死亡人数的统计（2008年），交通事故死亡人数为7499人，跌倒和高处跌落致死的人数是7170人，意

---

[1]　科幻怪兽电影"Godzilla"。（译者注）

外溺水致死的人数为6464人。由此可见，因为水而死亡的人数非常多，和交通事故的死亡人数不相上下。

新闻经常会报道，在河水泛滥和避难警报出来之后，有人会去看河水泛滥的情况而被淹死的事件。这正是由于这类人对水没有太大的恐惧感而造成的悲剧。所以对水抱有一定程度的恐惧其实是非常有必要的。

如上所述，恐惧这种情感，是人类生存下来所必需的情感。

然而随着时代的进步，现代社会为人类提供了足够甚至过多的安全保护措施，出现了"容易感到恐惧的人反而过得不是很好"的奇怪现象。敢于在多数人面前讲话，敢于故意挑战危险的事情的人，比如电视节目中的艺人之类的，反而能赚到很多钱，不是吗？

现代社会已经变得足够安全，但是现代社会对于具有恐惧心理的人来说，反而是非常不利的。这真是一个非常耐人寻味的现状。

和恐惧相类似的肥胖问题

这里讨论一个稍微有点偏题的话题，其实肥胖的问题也和恐惧相似。人体在进化的过程中变得能够抗拒饥饿。换句话说，因为有许多人饿死了，为了抵抗这种由饥饿导致的死亡，人类进化出了能在体内积累脂肪进而保存营养的能力。由于并不是任何时候都可以找到吃的东西，所以在食物稀缺的时代，能把食物转化为体内脂肪的人，有更大的可能性能存活下来。

然而，现代社会是一个食物丰富的时代，吃饱肚子变得毫无困难。这样一来，多余的食品最终转变成过剩的脂肪，然后引发糖尿病等疾病。这时，身体内的营养保存机制反而成了人类的敌人。

曾经有利于适应环境的那些本能，在这个现代社会反而会变得不利。

换句话说，恐惧和肥胖是人类经过数万年甚至数十万年进化及适应环境而造就的最优化的身体机制，但却由于人类社会这短短几百年里变化之巨大而无法跟上时代。

现在的这个"文明社会"是持续发展了数十万年的结果，如果突然倒退回去应该是一件很恐怖的事吧。或许那个时候，今天不曾崭露头角的鲜为人知的人们会生存下来，与之相反，曾经幸福至极讴歌人生的人们可能却会灭绝。

好吧，在科学地、基于进化论地了解了恐惧之后，我们终于可以进入关于可怕的科学主题了。

目录

Part 1 ## 关于人类的可怕科学

Part 2 ## 关于疾病的可怕话题

Part 3　　**关于宇宙的可怕故事**

目录　Contents

可怕得让人睡不着的科学

Science

Part1

关于人类的可怕科学

记忆会撒谎

记忆在多大程度上可以被相信呢

我们认为记忆是值得相信的。没有人会认为其记忆中生动的画面是"谎言"。我们每个人都认为自己记住了真实的现实。

但是，记忆其实是非常不可靠及危险的。因为大部分的记忆都是后来主观"覆盖"上去的。

这里有几个著名事件，能够帮助我们了解记忆的危险性。第一个案例，发生在1990年，一位加州的名叫乔治·富兰克林的退役消防员的案件。

他被指控为1969年谋杀8岁小女孩苏珊·内森的凶手。而告发乔治·富兰克林的是他的女儿。有一天，他的女儿突然指控乔治·富兰克林说："我目睹了父亲在二十年前犯下的罪行。因为当时太过害怕而忘记了当时的情况，但是二十年后，那段尘封的记忆突然涌入脑中。"

最终乔治·富兰克林被判入狱6年，于1996年被释放。因为他女儿艾琳的证词里包含了一些只有知情人士和警察才知道的情况，由此乔治·富兰克林是凶手一事被认定为是来自真实的"事实"。然而，后来经过各类学者的调查发现，艾琳所说的"事实"全部都是来源于报纸及其他报道所披露的情节。

事实上并没有相关的所谓只有罪犯或者目击者才知道的特殊信息。最终的事实认定竟然来自一份报纸的错误报道。艾琳的证词就包含了与报纸报道相同的错误信息。

到底为什么女儿会诬陷自己的父亲呢？实际上，这和"记忆的谎言"是相关的。

艾琳以前接受过相关的催眠治疗。那是一种名叫"年龄退行催眠"，即告诉心理咨询师其童年时期所发生的事情的一种心理疗法。

艾琳的记忆并不是其儿时的真实经历，而是由心理咨询师在催眠治疗过程中通过无意识的诱导而植入的结果。虽然心理咨询师并没有恶意，但由于为艾琳植入了虚假的记忆，导致艾琳误认为自己目睹了一起谋杀案。

这一案件的庭审中，并没有任何的物证，只有证人的相关证词。因为女儿虚构的记忆，乔治·富兰克林无辜地被关在监狱里6年，这是多么痛苦的事情啊！

精神创伤导致记忆被封印吗

在20世纪80年代的美国，"超出人承受上限的精神创伤，会令人封存当时的记忆"的这一毫无根据的假设被许多人认同。虽然在电视和电影中经常会出现类似的场景，但专家们一致认为，实际上这种情况在现实中并不存在。

事实上是，精神创伤不但不会被封印，而且会被反复不断地想起来。因为创伤是一件坏事，它会不断在我们的脑中发酵，以致最终我们完全记住它。除了丧失记忆之外，一般人不可能忘记痛苦的精神创伤，并且目前为止没有人能证明精神创伤是可以被封印的。

目前，在认知心理学领域成就非常突出的伊丽莎白·洛夫特斯（Elizabeth F. Loftus）教授，正在致力于为类似的诬告事件出庭作证，在否定精神创伤会导致记忆被封印的错误认知的同时，强调虚构的情节有可能被植入人的记忆。洛夫特斯教授已经成为这类冤罪的救世主般的存在。

洛夫特斯教授还曾做过以下研究。她对24个成年人做了一个试验，让他们回忆一下"4到6岁时发生的事情"。接受试验的当事者，需要采访他们自己的长辈和亲戚，并通过询问他们当事者自己童年时期的四个记忆片段的方式，来回忆自己童年时期的经历。

然而，四个记忆片段中有一个是虚构的。在这个心理学的试验中，对于那个虚构的片段，洛夫特斯编造了在购物中心迷路的情节。为了增加可信度，在调查了被试验者们小时候居住的地方附近，是否有购物中心，以及在购物中心迷路的可能性的基础上，编造了相关的情节。

结果是，24个人中有5个人详细讲述了他们本不存在的在购物中心迷路的经历。这5个人并没有说谎，他们只是把在电视上看到的购物中心迷路的孩子的报道，误认为是自己经历的事实。他们无法区分哪些是真正发生在自己身上的事情，哪些不是。

后来，许多心理学家通过大规模的研究调查发现，大约有50%的人，倾向于相信他们在无意识中虚构的记忆是真实的。也就是说，记忆是可以被篡改、被覆盖、被误解的。

催眠治疗和记忆的谎言

最常见的情况是，在催眠治疗的过程中，有可能会植入虚构的记忆。这是有心理问题或者精神障碍的患者，在开始咨询心理咨询师的时候发生的。通常而言，在接受所谓"在催眠状态下回忆过去的事情"的相关催眠治疗的患者群中，经常会出现记忆的谎言。

目前还不清楚，虚构的记忆，比如"被父母虐待"是如何形成的。但是，如果严重到了需要心理咨询师介入的情况，多数患者应该是在最初的智力发育阶段就产生了问题，这导致他们可能会有很大的概率，把自身所面临问题的根源归结于父母。

当在烦恼为什么偏偏是他们患有精神疾病时，患者们可能会在某个瞬间，将事实上并不存在的父母虐待强加到自己的童年记忆里。

这种指控有一个通用的模式：孩子们记忆谎言的萌芽，通过心理咨询师的催眠治疗而逐渐成形，然后植入记忆，最终发酵成一个案件。成年人普遍相信"孩子不会撒谎"。这点也同样适用于法庭。毫无根据的主观信任最终导致一系列冤案的发生。

"孩子说的都是事实"的主观信念

和儿童相关的还有另一个著名的事件。

那是在1985年，发生于美国新泽西州的一个名为"关爱幼儿园"中的事件。一位护士在医院测量了一名4岁儿童的体温。直肠体温是通过在肛门处插入温度计来测量的。然后，孩子就说："这和在幼儿园里，午睡时老师对他们做的一样。"大吃一惊的护士，认为该儿童所在的幼儿园发生了非常严重的事情，就直接联系了警方。

1988年8月，经过11个月的审判，名为玛格丽特的幼儿园老师被判47年的有期徒刑。但5年后，玛格丽特老师就被释放了。

到底发生了什么？这一事件不是由"谎言的记忆"引起的，而是由"诱导审讯"引起的。

警察和检察官们询问孩子们，"玛格丽特老师对你（们）做了什么？"然而，他们在整个询问的过程中，都是以玛格丽特老师做了坏事的假设为前提进行的，在孩子们开口说话并给到他们想要的答案之前不会让孩子们回家。孩子们开始渐渐地变得烦躁起来。由起初的说不知道，开始慢慢变成说，确实被插入叉子。

在这次事件中也根本没有任何物证。此外，如果你冷静思考一下的话，就会发现这位老师不会有那么多时间，在背着别人及其他儿童的情况下，去进行此类犯罪行为。然而，情急之下，检察官方面也认为"一定发生了什么可怕的事情，为了拯救无辜的孩子们，必须查明事情的真相"，所以一个接一个地进行提问。

如果你看到实际的询问视频，会发现那询问令人震惊。

调查人员一上来就直接问孩子，"有在你的屁股上插入叉子吗？没有吗？"

孩子回答说："我不知道。我不记得了。"

然后调查人员再次诱导道："喂，拜托。如果你回答我的问题，你就可以回家了。""告诉我，老师对你的屁股做了什么。然后你就可以回家了。"

然后孩子依然说："不。"

调查人员道："拜托了。"

然后孩子放弃抵抗开始努力回想，说道："好吧，我知道。"

最后，调查员再次问道："她放在你屁股里的东西是什么？"

孩子们说："叉子。"

因为起初问孩子，"有在你屁股上插入叉子吗？"所以孩子会认为"如果说叉子的话，就可以回家了"。

孩子不可能做虚假的证言，"孩子说的都是事实"的主观信念最终导致了冤罪，这是多么可怕的案例。

现在在美国的审判中，由于冤案持续不断，对孩子进行诱导审问而得出的证词及正在接受催眠治疗的人的证言，将不予以采用为证据。可是，在那之前有太多的冤案牺牲者了。

可以相信最新的测谎仪吗

正如您在前面记忆相关的事例中所看到的，在审判中被采用的"科学依据"，还有很多是尚不清楚的事情，所以会产生冤案。以前的DNA鉴定也造成了很多冤罪，所以很难决定在何种程度上应该将科学技术作为法律依据导入。

科学是一个"高精端"的领域。拥有高超技术的人会在某项实验中取得成功。但是，这只有在拥有丰富知识，具备合格设备的情况下才能实现。而要将这些技术普及到即便现场的警察也能简单使用的程度（譬如简易毒品的检验化验），还需要很长的时间。

可是，作为警察和检察官，由于需要扩展证物的采集手段，是希望尽早引进最新科学技术的。那本身绝对不是什么坏事。比起非科学的搜查，使用最新科学手段的搜查明显会更好。但问题是，像DNA鉴定那样过度相信科学也是有问题的。对于普通民众来说，如果说"DNA鉴定结果为有罪"，大家会不假思索地点头认可。但切不可忘记的是，在以最新科技为据而定罪的案件中，常常也会有冤案的出现。

电视剧里经常出现的测谎仪也是科学搜查的代名词。

测谎仪目前已经出现一种以MRI（磁共振）原理而设计的新品。通过观察人脑中血流的状况，大脑的活跃区域块，来判定是否有谎言行为。只是MRI技术目前还并不是很成熟，仍在发展当中。

如果用普通的测谎仪和最新的MRI技术同时做实验，普通测谎仪很大概率上能够成功揭穿谎言。而最新技术的通过查看脑部MRI的方法，好像还无法有效地识破谎言。

将来，采用MRI技术的测谎仪的精度应该会随着技术进步而提高。目前的测谎仪，是通过查看皮肤的出汗状况、身体的电压差等综合因素来判断人是不是撒谎了。不过，最终可以撒谎的是人的大脑。因此，如果能仔细查看大脑的反应的话，早晚会发现究竟有没有撒谎。

只是现在还处在脑科学的黎明期，大脑的动作中，什么代表谎言，什么不是谎言，还不是很清楚。因此，虽然有根据最新的脑科学而制作出来的测谎仪，但目前精度还比较低。由于其具有很大的发展潜力，我们相信随着科学的进步，将来的精度应该会提高很多。

科学也是有极限的。虽然科学每天都在进步，但有时也会出错，有时也会向不好的方向发展。所以说，在任何事情被称为"科学"的瞬间，最好不要完全去相信它。对科学的盲目信任——才是最可怕的事情。

不存在所谓的自由意志?

自己的行动是已经被决定好的吗

我们每天都在自己判断，自己思考，自己生活。活到现在，你应该对此毫无怀疑。但是，人类真的是根据自己的选择来做决定的吗？按照以前的哲学术语，这叫作"自由意志"。我不由自主地想起以前的一个有名的实验。

那是在20世纪80年代进行的本杰明·李贝特（Benjamin Libet）实验。实验的内容是让被实验者弯曲手腕，观察那个时候的脑活动。在这个实验中，当弯曲手腕时，观察到了大脑的"准备电位"。准备电位是身体将要活动时大脑先发生的活动。也就是说，你知道你想什么时候弯曲手腕。

准备电位是什么时候产生的呢？首先记录一下那个时

间点。其次，向被试验者本人确认"你觉得自己什么时候想要弯曲手腕的？"并记录时间。

结果表明，在被试验者有意识地动手腕的三分之一秒前，大脑已经产生了准备电位。

也就是说，首先你被告知可以在自己喜欢的任何时候弯曲手腕。然后，你表示"好的"，从那之后开始控制意志去弯曲手腕。但是，从大脑波形图来看，自己想弯曲手腕的时候，也就是在表示"好的"的三分之一秒前，已经发生了准备电位。就是说在自己确认"弯曲手腕"的意志之前，在潜在意识中手腕弯曲的事就已经被决定了。

阿尔巴罗·帕斯卡莱昂（Alvaro Pascual-Leone）后来进行了类似的实验。实验的内容是让被试验者随机选择是活动右手，还是活动左手。无论哪个都可以，活动一下自己想动的那只手。

虽然这么说，但实际上对被试验者的大脑施加了磁力，刺激其大脑的右半球或者左半球。一般来说，右撇子的人大致有60%的概率活动右手。但是据观察，在磁场刺激右脑的情况下，80%的人会活动左手。对支配左手的右脑给予磁场刺激的话，不知不觉中就会活动左手。

问题是，被试验者认为是他们的自由意志选择了活动哪只手。

被试验者们没意识到被外部因素所操作的事实。

会产生通过电磁波操控人行动的装置吗

如果把相关电磁波装置植入到手机中，用电磁波来刺激人的大脑，发出譬如"进入某家商店""买下某个商品"的指令，说不定在某种程度上就能操控人的行动。只是想象一下，都会让人毛骨悚然。

脑科学的发展使我们明白，在产生自由意志的一瞬间之前，意志和行动就已经被决定了。也就是说，如果能够完全监视一个人的大脑的话，就能预先知道那个人会采取怎样的行动。同时，通过电磁波等的刺激，就能在其毫不知情的情况下，左右他的行动和选择。

总觉得脑科学是一门令人毛骨悚然的科学。祈祷这些脑科学的研究成果不会被那些疯狂的科学家们滥用。

那些让人感到恐怖的实验

把老鼠与恐怖联系起来的实验

有一个名叫约翰·华生（John Watson）的心理学家曾经进行过一场可怕的实验。那是对出生后刚满十一个月的名叫阿尔伯特的婴儿实行的"附加恐怖条件"实验。

首先让阿尔伯特看白老鼠。当阿尔伯特想要摸老鼠的时候，在他背后用锤子敲打铁棒，发出巨大的声音来让他受到惊吓。在实验前，阿尔伯特并不害怕老鼠，但是经过实验后的他，不仅对老鼠，而且对兔子、毛皮大衣等任何有毛的东西都产生了恐惧心理。

约翰·华生声称大人的不安和恐惧是来源于幼年时

期的经历。和巴甫洛夫的狗（Pavlov's Dog）的实验[1]一样，虽然老鼠本身并不可怕，但是当他在面对老鼠而被巨大的轰鸣声惊吓过后，即使再没有了轰鸣声，他只要看到老鼠就会条件反射性地变得害怕。

不过，这个实验最大的问题是，是否该对一个刚出生十一个月的孩子进行这么恐怖的实验。比起恐怖心理的验证，做相关实验的学者就像疯狂科学家一样可怕。约翰·华生出生于1878年，于1958年去世。如果他生活在现代的话，做这样的实验，会被以虐待儿童的罪名逮捕吧（即使大学的伦理委员会应该也不会通过这样的实验吧）。

约翰·华生倡导行动主义心理学。他认为，所谓行动，基本上就是受到某种刺激而产生的反应。约翰·华生通过类似的实验来进行他的研究。他曾豪言壮语道："只要有一打的婴儿和适当的环境，无论这些婴儿拥有怎样的才能、爱好、适应性、祖先、民族性、遗传等，这些因素

[1]　巴甫洛夫的狗的唾液条件反射是经典条件反射中最著名的例子。（译者注）

都将无关，我都能培育出医生、艺术家、小偷，甚至乞丐等任何我想要的人。"按现代人的标准来看，约翰·华生就是一个典型的疯狂科学家。但是，约翰·华生却于1915年成为美国心理学会的会长。据说在近一百年前，这样的实验，不但不被看作是虐待幼儿，反而是作为最新科学而被允许。

如果整个社会还不够成熟，不能清楚地表明"这种科学是不被允许的"的话，恐怕任何恐怖实验都会被冠以科学的名义堂而皇之地进行。

科学家是一个好奇心异常强烈的群体，所以很难通过科学家内部的揭发来阻止这种情况的发生。因此，也只有科学家圈外的人才能阻止这些疯狂行为的发生。而能担得起如此重任的，恐怕只有记者和纪实类作家这样的人吧。

失去责任人就变了

还有一个可怕的实验，是有名的米尔格伦实验（Milgram experiment）。

米尔格伦实验，是通过高压电来施加疼痛的相关实验。被试验者总共有40人，对其中25人将电压提高到450

伏。表面上,这个实验有教师、学生和实验者三类人物角色。学生角色只进入学生的房间,实验者和教师分别进入别的房间,相互之间只能隔着对讲机听到对方的声音。

学生回答问题。"教师"会对回答错误的"学生"施加电击惩罚。然后实验者对实施电击的教师下达指示,让其在"学生"每次回答错误时,加大惩罚电压。

实际上被试验的对象是扮演教师角色的人。学生角色和实验者角色是为了配合实验的知情人,实际上也并没有电流通过产生电击。实验者对扮演教师的人说"现在学生回答错了,请提高电压",教师就会提高电压来电击学生。扮演学生的人就会假装很痛苦。学生痛苦的声音其实也是提前录好的。

在实验进行的过程中,会出现一个有权威的博士模样的男子,并强烈地申明,"不需要扮演教师角色的人员承担任何责任。一切责任由大学方面来承担"。这样,在接下来进行的实验过程中,教师角色的所有人都将惩罚电压提高到了300伏。而且,有60%的教师角色把电压一直上升到最大电压450伏。

尽管由于自己的亲手操作,让学生角色的被试验者受尽折磨。但是由于不需要自己承担任何责任,又有权威存在的背书，此时最基本的道德伦理观已然形同虚设。

设计这个实验的理由是为了从心理学上分析希特勒的屠杀。希特勒基于优生学思想屠杀了许多犹太人，但参与屠杀的相关人员，真的只是因为"被命令"的理由而进行的屠杀吗？通过这个实验想要探究，人在被命令的情况下会妥协到什么程度。

实验的结果表明，竟然有60％的人从头到尾都忠实地执行了相关的命令。另外40％的人虽然在很大程度上遵从了指示，但因为无法忍受良心的谴责而最终拒绝执行。而令人吃惊的是，没有任何人从一开始就拒绝执行命令或者退出实验。

对于一个从一开始就宣称是"心理学实验"的实验，都无法做到拒绝其无理指示的话，更不用说被强行加入到唯命是从的军队里了。在不服从命令就会遭到严厉惩罚的情况下，在周围人都会顺从的氛围里，恐怕几乎所有人都会去执行屠杀命令吧。

人类，本来就是一种令人恐惧的生物吧。

Part2

关于疾病的可怕话题

切除脑部的脑叶白质切除术

脑切除治疗法？

有一位叫埃加斯・莫尼兹（Egas Moniz）的可怕的医生。他也是葡萄牙的政治家、神经科医生。他是臭名昭著的脑叶白质切除手术的发明者，并且竟然是1949年度的诺贝尔生理学・医学奖的获奖者。获奖理由是"发现切断前脑大脑神经对治疗某种精神疾病的重要性"。

脑叶白质切除法是一种为了治疗综合失调症而切除前额叶的一部分的治疗方法。现在，这种手术因为完全破坏了人格而被否定了，不过，在过去的一段时间被认为是非常有效的，并因此还得到了诺贝尔奖。科学和医学的定论，也会随着时间的流逝而发生变化，以至于连诺贝尔奖都会颁错。

莫尼兹的一生经历非常传奇。他出生于1874年，从1903年起的17年间一直担任国会议员，同时还兼任外务大臣。此后，到1944年，他在里斯本大学做神经学的教授。1927年还发明了使用X射线的"脑血管造影法"，是一位非常稳健的神经学者。

莫尼兹于1936年和同事一起实施了脑叶白质切除手术，然后该手术不知道怎么就传到了美国，并在那里广为流传。在美国，弗里曼和华茨两人通过"改良"莫尼兹的方法，开发出了一种谁都可以简单操作的脑叶白质切除手术。使用类似于冰锥的器具，将该器具的尖端插入鼻子顶部，搅拌大脑相关部位来进行所谓的"治疗"。

被施行了手术后，患者就不会像原来那样痛苦了，但随之而来的是患者的人格丧失。患者会变得没有精神，感情没有了起伏，完全变成了另一种人格。这真是非常不人道的。在翻拍成电影的著名畅销小说《飞越疯人院》（肯·克西著）里，披露了脑叶白质切除手术的相关情况后，1975年以后，这种手术就完全不再被实施了。

莫尼兹在65岁的时候，被原患者枪击而伤了脊髓。莫尼兹被认为是疯狂科学家的典型，他的名字至今仍出现在诺贝尔奖的获奖名单里。如果你去诺贝尔奖的官方网站，虽然上面写有一些像是借口的申明，但是历代的获奖者名单中，莫尼兹的名字赫然在目。毕竟当时一流的医生和科学家都曾称赞过他，表彰过他。

科学的局限性

莫尼兹获得诺贝尔奖的时间是1949年，正是第二次世界大战刚刚结束不久的时候，所以为莫尼兹颁发诺贝尔奖的事情才能被世间毫无波澜地接受。不过，即使在现代，大概也发生着类似的事情吧。现在被认为是划时代的治疗方法，再过半个世纪后，可能也会被评价为疯狂科学家的肆意妄为吧。非常遗憾的是，科学技术也好，医学也罢，很多都是直到后世才能有最终定论的。

人类，与其说是短视，不如说是连自己的同时代的状况都看不清楚，总是下意识地认为"自己能看明白"，可事实上，谁都看不明白。实际上，有相关统计数据表明，科学技术的"将来预测"有八成是不靠谱的，就好像预测股票价格一样。如果事后验证一下的话，就会发现，即使是著名的专家，也只能达到两成左右的成功率。

当你看到脑叶白质切除手术所造成的悲惨案件时，可能会想"为什么当时就没人注意到呢",然而,那都不过是事后诸葛亮而已。这就是科学或者人类的局限性。话虽如此,想想如果被一名令人景仰的医生固定在手术台上,眼前是不断在逼近的冰锥,那将是多么可怕的场景啊。

食人细菌的恐怖

致死率30%的恐怖细菌

有一种叫作食人细菌的恐怖生物，它们有很多种类。比如连锁球菌，由A群连锁球菌引发的"重症型A群连锁球菌感染症"，因为被刊登在1994年的英国周刊杂志上，而成为人们的热门话题。

感染了这种细菌的话，最初只是手脚感到轻微的疼痛，然而，在经过短短的数十小时以后，人就会因为脏器官功能衰竭和手脚坏死而死亡。致死率是30%。即使勉强保住了一条命，被感染的部分也必须要做大规模的切除手术，常常会留下非常严重的后遗症。

球菌是我们身体上经常带有的细菌。比如会出现在喉咙里或者皮肤上。这也是为什么小孩子经常会患咽喉炎的主要原因。丹麦的研究表明，大概2%的人身体中都携带有A群连锁球菌。也就是说，虽然没有出现发病的症状，但并不一定就没有携带有相关的细菌。据说，咽喉炎、扁桃体发炎，还有皮肤表面的肿瘤都是由这些细菌引起的。但是，平时也只是"嗓子疼"或者"皮肤表面长了痘痘"这种程度的轻微症状，不会对人体有太大的伤害。

那么，什么时候会突变成重症型呢？这个目前还不是很清楚！这些细菌就在我们周围晃荡，虽然平时一点儿事也没有，但是某个瞬间，它们会突然发疯似的攻击甚至杀死被感染者。虽然不知道原因，但是一想到，如果自己和家人感染了这种细菌的情景，就不由觉得脊背发凉。

会有多大的概率发病呢？令人吃惊的是，只是在日本，大概每年就有50人会发病。

据推测，这种细菌会释放出和我们咽喉中的连锁球菌不同的毒素，从而致使人的身体受到伤害。

当然，受伤害的程度有可能和被感染者本身的身体素质有关联。所以有的人对这种细菌有较强的抗性，有的人则较弱。但是，更详细的情况目前还不是很清楚。

断头台科学化

断头台是人道的刑法吗

人类发明了许多残酷的刑法。其中最有名的大概就是断头台吧。

在18世纪发生的法国革命中，很多人被判以死刑。与之前的王侯贵族所不同，发动法国革命的市民们，开始寻求一种"科学的及医学上痛苦较小的砍头手段"。那便是断头台。

断头台，被认为是"只会觉得脖子一紧，不会感到疼痛"的处刑方法。

发明断头台的是一位名叫约瑟夫·吉约坦（Joseph-Ignace Guillotin）的医师。断头台是吉约坦的英语发音。吉约坦是内科医生的同时，还是国民议会的议员。在法国大革命以前，法国处决死囚的主流刑法是，将死刑犯的手脚用铁棒砸碎，然后绑在车轮上进行车裂之刑，相比之下，断头台算是比较人道的。

另外，在断头台出现之前，法国有160名行刑人及3400名助手，到引入断头台后的1870年，仅剩下行刑人1人，助手5人。据说这6个人就接管了法国全国的死刑行刑。这类似于在工业革命中引入机器后，不需要那么多的人力了。无论如何，断头台是一种非常有效的死刑行刑方式。

但是，如果说断头台是科学的并且人道的话，这却是很难验证的。在学校的化学课上，一定会提到一位叫拉瓦锡（Lavoisier）的化学家。他被称为"现代化学之父"，发现了质量守恒的法则和燃烧是氧化还原反应等化学原理。可是，即使是那样的天才也在断头台上殒命了。虽然无法考证是不是确有其事，但传闻，拉瓦锡曾经对周围观看行刑的人说"在被断头台处刑后，看看我被砍掉的脑袋还有没有意识。如果我还有意识的话，会尽量做出反应。即使不能说话，也会用眨眼来示意。被砍头之后，我会尽可能持续地眨眼睛"。据说拉瓦锡被行刑的当天，他的脑袋被断头台砍掉后，确实眨了好几次眼睛。咦？就算被砍掉脑袋，也还残留有意识啊！完全不人道嘛！

只是，当时并没有像现在那样可以拍摄影像，只凭这样一个传闻并不能成为证据。目睹了拉瓦锡被行刑的目击者们所遗留下来的书面资料里，也并没有任何相关的记述。从科学史的观点来看，这只是通过传闻而来的二次信息，并没有当事人的一手信息。因此，这个故事说不定是后世人们所编造出来的。

而且拉瓦锡的这个实验不能再现，所以也不可能去验证。如果只是猜测的话，在脑袋被砍掉之后，血压应该会急剧下降。人在血压突然下降时会失去意识。所以，脑袋被砍掉的瞬间，恐怕就会失去意识。假如在几秒钟之内还有意识的话，能够将意识传达出去的方法，恐怕也只有眨眼睛了吧。

如果只有脑袋的状态下，估计不能说话了吧，甚至连嘴都几乎动不了了吧。因为血液大量流出，大脑中的血液循环应该会停止。那样的话，大脑将失去机能，马上会变成类似于脑死亡的状态。但是，事实上，只有被砍头的人才知道到底发生了什么。他看到自己的脑袋掉了下来，觉得整个世界都天旋地转，正好看到刽子手看过来的眼神，想要说点什么，可是嘴巴却动不了。那至少眨下眼吧。光是想象一下这个场景就觉得好恐怖！

人类的处刑史

和断头台相关的，还发生过下面一些类似的轶事。

同样是在法国革命中，被断头台处刑的还有一位名叫夏洛特·科尔代的女性，在被断头台砍头后，好像还被行刑人的助手打了个耳光。据说当时，科尔代的脸瞬间就红了，并以"愤怒的目光"瞪着那个助手。但是，由于处刑的时间是傍晚，所以夕阳的反射，或者是脸上沾上的血渍都可能会导致看起来像是脸红了。不管怎样，行刑人及其助手也会觉得倒霉了吧。明明只是工作而已，却要担上被怨恨、被诅咒的风险，真的是得不偿失（非科学性的推想，非常抱歉）。

关于断头台，1905年有位名叫比尤利的博士还写了一篇论文。某位死刑犯被处刑时，比尤利博士委托他道："在被行刑后，我会呼叫你的名字，如果你听得到的话，就眨下眼睛。"

据说那个死刑犯，从头落下之后，数秒后被呼唤时，他睁开了眼，直视了博士数秒后，又闭上了眼。并且，不仅仅是一次，第二次被呼叫时，他也睁开眼回应了，不过，第三次时就没能再睁开眼了。

但是，也有人对这个结论有异议，认为那只是单纯的肌肉痉挛而已。笔者个人认为，如果只是肌肉痉挛的话，可能会留下更多次数的"眨眼"记录，所以"意识会持续数秒"的观点也是有一定程度的说服力的。

在相对比较接近现代的1956年，法国议会进行了一项相关实验。通过观测被砍了头的人的瞳孔反应和条件反射而得出的结论是，人在死后15分钟左右好像还是有瞳孔反应和条件反射，严格意义上来说，并不等同于还有意识，只能说明人到底是不是完全死亡。不过即使如此，15分钟，也是相当长的一段时间。这种情况下会衍生出来另一个问题，到底哪个时间点才算是真正的"死亡"呢？

"在脑袋被砍掉后"的状态下，就算是意识只能维持几秒钟，可一旦人还有意识，断头台就不能说得上是人道的处刑法。法国在1981年9月废除死刑制度之前，一直实行着断头台的刑罚。

不过，像日本这样的绞刑、美国等国的电椅之类的电击刑法，也并非人道的刑法。绞刑的死因，并不是由于脖子被勒紧而导致的窒息，而是由脖子的骨折所造成的。另外，在一次电击中没有完全死亡还活着的人也是有的，所以更不能说是人道的。

以前，为了写相关的小说，我曾研究过古今东西的各种处刑法。不过，人类处刑的历史，概括为一个词的话就是"残忍"。比如现在仍被用作口头禅的惯用语句"真想把那个家伙大卸八块"，历史上曾经真的有用好几匹马将一个人的身体撕裂成八块的处刑记录。那是多么令人震惊的景象啊。

发明安乐死机器的医生

在美国有一位病理学家发明了"自杀机器"。他的名字叫凯欧克因·杰克（Jack Kevorkian）。他发明了安乐死机器。

他发明出来的自杀机器一共有两种，分别命名为Thanatron和Mercitron。Tanatos是希腊语，意味着死亡。Thanatron就是所谓的"死亡机器"。然后，Mercitron来源于mercy，也就是慈悲，是所谓的"慈悲机器"。

"死亡机器"需要使用药物。首先给患者安装点滴装置，进行生理食盐水的注射。当患者自己按下开关时，一分钟后会开始滴入硫喷妥钠。硫喷妥钠一旦进入身体，患者就会失去意识，陷入昏睡状态。最后氯化钾的点滴会自动地开始注射，最终昏睡中的患者会因心脏病发作而死亡。

实际上，有两名癌症的末期患者使用这个"死亡机器"自杀了。虽然凯欧克因极力主张安乐死，但是密歇根州还是剥夺了他的医师执照。因此他再也无法获得药物，"死亡机器"从那以后也就再也没有使用过。据说当时这个机器的制造费用大概只有30美元。

另一种"慈悲机器"是利用了一氧化碳中毒的原理。患者戴着的氧气罩连接着含有一氧化碳的气缸，一旦打开阀门，患者就会因一氧化碳中毒而死亡。这也是失去意识之后的安乐死。虽然凯欧克因极力主张安乐死，但是作为医生，制作这样的自杀机器并提供自杀服务，在伦理上是否被允许，在当时引起了很大的争论。凯欧克因于2011年6月3日去世。死刑的方法，安乐死的方法，目前还是科学和医学的灰色地带，到底哪种方法的痛苦更少一点，可以说是一个很难回答的问题吧。

希特勒所推崇的优生学

什么是优生学

优生学是因为纳粹德国的残暴而闻名全球的。优生学是一门可怕的学问，通过遗传基因的品质来判断人类的优劣，并试图排除劣等基因。

弗朗西斯·高尔顿（Francis Galton）是这项研究的发起人。他是查尔斯·达尔文的堂兄。他在阅读达尔文的"物种起源"后受其影响，却不知为何会走向了优生学的道路。

自高尔顿以来，有很多人都主张拥护优生学。例如，发明了电话的贝尔。贝尔在一个叫马萨诸塞州马撒葡萄园岛的地方，发现耳朵听不清楚或者无法发声的聋哑人的比例非常高，然后就得出听力障碍是会遗传的结论，并鼓励人们不要和有遗传性听力障碍的人结婚。这就是一种典型的优生学思维。任何去除遗传性的特质、特性的行为，都属于优生学的范畴。

阿道夫·希特勒领导的纳粹德国，曾进行过各种各样的人体实验。在1930年到1940年之间，纳粹德国是基于优生学的理念来定义"不符合资格的人"，对数十万的人强制性地实施了绝育手术，甚至强行实行安乐死，最终残害了数万人的生命。

此外，在美国，好像从1896年开始，康涅狄格州开始实施一项法律，内容是限制癫痫和智力残疾的人结婚。在日本也曾有相类似的，禁止麻风病的患者生孩子的政策。为了防止患有麻风病的人生育孩子，他们被强制执行了绝育手术，已怀孕的甚至被强制流产。

以保护母体为目的，而强制执行堕胎的"母体保护法"，在1996年修订之前，其名称为"优生保护法"。优生学在世界各地以各种各样的形式存活了下来。

换个形式卷土重来的优生学

患有精神疾病和精神发育不全的人，在优生保护法中，属于被绝育的对象。虽然法律于1997年被修订，但这项法律直到几十年前还一直存在着。

而现在，优生学改头换面，以别的形态大行其道。在遗传基因技术飞速发展的基础上，婴儿疾病的事前诊断成为可能。但这里就会产生伦理道德的问题。

通过基因检查，医生就可以在一定程度上识别腹中胎儿是否患有遗传性疾病并提前进行筛选。这是一个非常微妙的问题。如果它是一种致命的疾病，你会事先知道出生的孩子会承受很大的痛苦。这种情况下，堕胎就成了一个水到渠成的选择。

最近，父母双方都有某种遗传病，他们的孩子有很大的概率会患同样遗传病的情况下，会提前做相关的测试。例如，有一种名叫Tay-Sachs的先天性异常疾病。患有这种疾病的新生儿，刚生下来会像正常婴儿一样成长，但到6个月以后，身体和精神的发育会明显放缓，视听觉会出现异常，无法进食，多数的病患儿童会在5岁之前夭折（在20岁或30岁之后发病的案例也有）。

如果父母患有Tay-Sachs病，孩子也有很大的概率会患有Tay-Sachs病，因此进行相关的检查会比较好。检查的内容大致为，通过人工授精的方法制作受精卵，并且在细胞分裂的阶段，抽取细胞并检查DNA。如果受精卵没有遗传Tay-Sachs病的话，该受精卵会被送回母亲的子宫。换句话说，它是已经被选择过的生命。

用于早期发现胎儿的先天性异常的检查方法有很多，比如，通过怀孕8周的孕妇血液检查胎儿的DNA的方法，采取胎盘绒毛的方法，还有羊水穿刺检查的方法等。

说到底，这是为了父母及即将出生的孩子的幸福而进行的检查，不过，有可能在无意识中助长了优生学。

假设有一个人患有遗传性疾病。那么，他们的父母可能会有50％的概率患有相同的遗传性疾病。然后他的兄弟姐妹，他的孩子也有大概50％的概率患有遗传性疾病。

当他通过相关检查发现自己患有致命的遗传病时，就会面临"把这个事情准备告诉谁？"的问题。

那些根本不了解这种遗传病，甚至不想知道的亲戚们，会有一定的概率和他患有同样的疾病。肯定也会面临是否应该告诉医生的两难困境。从保护个人信息的角度来看，还存在个人隐私的问题。或者告诉亲戚是一个好的主意，但是当保险公司询问你相关信息的时候，应该如何回复呢？

如果患有这种遗传性疾病，保险公司是不会允许他入人寿保险的。医生应该向保险公司提供他的这些信息吗？毕竟，获得这些信息的保险公司会知道他的亲属有很大的概率会和他一样患有同样的遗传性疾病。

或者，当一家公司招聘员工的时候，如果公司发现他们准备雇用，以及将来要花很大一笔钱去培训的这个人，可能因为遗传病会有早逝的风险时，公司是否还会雇用那个人？对经常考虑风险对冲的公司来说，这种病理信息将会是他们极力想要获取的吧。

本来，为了提升人类的幸福程度而发展出来的疾病治疗和早期检测预防技术，因为和现实社会没法完全隔离开来，所以总是会有相关联的优生学问题出现。

优生学和健康保险

在美国曾经有过一个非常激烈的争论。日本推行的是全民医疗保险的制度，但美国却不是这样的。虽然美国前总统奥巴马在任期内极力推行保险制度的改革，但肯定会出现优生学相关的问题。

假设有一个人患有遗传性疾病。他在明知自己患有遗传性疾病的情况下生了一个孩子，并且孩子患有相同的遗传病。"在了解遗传病风险的情况还要坚持生下孩子，这完全属于自己的责任，那么为什么要用其他纳税人的钱来为这个孩子的医疗保险费用买单呢？"这样的争论在美国应该是司空见惯吧。

不过在日本，作者认为这种争论出现的可能性不大。因为实行的是全民健康保险的制度，用税收为饱受疾病折磨的人和绝症做斗争的人提供帮助，已经获得了日本全体国民的同意。

但是，由于美国是一个个人主义意识非常强的国家，合理地使用税收是天经地义的事情，因此针对任何有可能浪费税收的行为都会产生争议。这时，优生学的理念就会死灰复燃，"让所有国民都接受基因检查，这样的话就会减少遗传疾病婴儿的出生，从而避免税金被浪费"之类的议论就可能会出现。

优生学会加重歧视

历史上还有过这样一个荒诞的言论。20世纪60年代，基因里带有多余的决定男性性别的Y染色体的人被称为"Macho"（男性荷尔蒙旺盛的人），而且多数的情况下

"Macho=暴乱"，人们普遍认为"Macho"有很高的概率成为犯罪分子。

虽然目前这种论调已经被推翻，但当时关于监狱里服刑人员的一项研究表明，多数的犯罪分子身上带有多余的Y染色体。这是赤裸裸的优生学啊。

另外，还有抑郁症。长期以来人们一直认为抑郁症具有遗传性，但现在并不认为抑郁症存在明显的遗传性。精神分裂症也是一样。

还有一段时间，人们认为同性恋者也是由遗传决定的，但最近这种言论渐渐地消失了。

当你看过这些案例后就会发现，人类似乎一直有向优生学倾斜的趋势。当这种趋势太明显时，就会引发各种各样的社会问题，歧视问题也会随之浮出水面。然后，随着法律的修正及新的研究结果的驳斥，优生学的思维方式会慢慢衰退。然而，优生学并不会消亡，而是改头换面再次以新的形态出现在世人面前。

甚至一些有名的科学家们天真地预言道，未来的人类会为自己的孩子设计基因，甚至会造出超级人类。这完全就是优生学的思想在作祟。

可怕的优生学将会反复出现。我们必须小心应对。可能在我们没有意识到的情况下，已经参与了很多加重歧视的行为。

强毒性流感的恐怖

新型流感危险吗

2009年，新型流感引起了很大的骚动。回过头来看，这种病毒的死亡率与季节性流感大致相同，因此似乎不应该会引发如此大的骚动啊。为什么会引起人们的恐慌呢？

那是因为这种流感的近亲中有一种名叫"H5N1型"的怪物病毒。这是人们恐惧的根源。世界各地的研究人员都对"H5N1型"病毒严加戒备。之所以如此，是因为感染"H5N1型"病毒后的死亡率会非常高。原本，流感来自禽鸟类世界。但是，禽鸟类的疾病很少直接传染给人类，通常是先从禽鸟类传染到猪，然后再从猪传染到人身上。

从1918年到1919年间，全世界有数千万人死于"西班牙流感"。这实际上也是一种流感，但当时人们并不认为这是流感，而认为是一种"感冒"。此外，即使西班牙流感的毒性仅仅是弱毒性，也导致那么多人的死亡，那么比西班牙流感的毒性强太多的"H5N1型"流感该有多么可怕。

为了让各位读者有一个更直观的理解，我们来简单介绍一下弱毒性和强毒性之间的区别。

弱毒性的流感会导致呼吸道炎症，比如说，喉咙疼，鼻子堵塞，然后它会演变成支气管炎，并且在严重的情况下会变成肺炎。虽然只有呼吸系统受损，但仍然会导致死亡。然而，如果是强毒性的流感的话，病毒会依附在呼吸器官以外的整个身体上，甚至会导致大出血。由于全身都会受到病毒的攻击，所以感染后，死亡率会很高。

一周内扩展到世界各地？

在过去，即使传染病在某个地方暴发，也有可能只在该地区蔓延，而不会扩散到其他地方。然而，现代由于包含飞机在内的交通网络的高度发达，感染病毒的人能在一周内从地球的一端移动到另一端。这种情况下，几乎没有任何方法能阻止病毒的扩散。为什么不能在机场就控制或阻止病毒的扩散呢？

这是因为当疫情被发现，并且知道病毒正在传染扩散的时候，有人已经携带着病毒离开了。在世界的某个地方，当新型流感"H5N1型"的感染被发现的时候，可能已经有人带着该流感病毒乘坐飞机来到日本。现代人的移动速度比起以前快了很多。

正因为如此，甚至有的研究人员认为，2010年流感暴发时，在机场施行的温度测试对防止疫情扩散没有任何作用。

如果"H5N1型"的新型流感暴发的话，在最坏的情况下，只是日本的死亡人数，就可能会达到64万到210万人之间。日本整体的GDP将会面临大概4%的损失。

那么，能采取什么样的措施呢？在"H5N1型"暴发的情况下，据说厚生劳动省[1]储备了大概1000万人份的预防疫苗。这仅有的1000万人份疫苗的发放顺序是，首先是相关的医务人员。在医院工作的医务人员拥有优先权是毫无疑义的。然后，就是国会议员及政府官员会优先接种疫

---

[1] 日本负责医疗卫生和社会保障的主要部门。（译者注）

苗。不幸的是，这些储备疫苗里并没有普通民众的份。

针对剩余的1亿民众，厚生劳动省的对策是，在"H5N1型"感染者发病后，为其服用达菲[1]或其他抗流感病毒的药物。但是，病毒是会不断地变异的，一些具有达菲抗性的病毒将会出现。关于"H5N1型"，虽然最初推测达菲能够有效地克制它，但由于"H5N1型"还没有在人类世界大规模暴发，我们也无从知晓达菲是否真的有效。这就是一场捉迷藏的游戏，病毒变得具有药物抗性只是时间早晚的问题。

日本预防政策的摇摆不定

关于"H5N1型"，现在被称为"H5N1型禽流感"病毒。现在只是在禽鸟类之间传播。

然而，从禽鸟类传染到人类身上也是很有可能的。这是因为许多流感病毒能在没有经过猪中转的情况下，直接传染到人的身上。然而，目前还没有发现病毒从一个人传

---

[1] 用于治疗流行性感冒的药物。（译者注）

染到另一个人身上的例子。不过，似乎出现过一些疑似病例，但由于看不到相关数据，最后也不了了之了。不过至少在日本没有发现此类病例。

如果"H5N1型"能在人和人之间直接传染扩散的话，那将是非常可怕的事情。那时流感的名字也就从"禽流感"变为"新型流感"。现在主要还是禽鸟类到禽鸟类之间的传染，仅有极少数直接从禽鸟类到人类的传染。那种情况下，只要隔离被感染的人就好了。然而，一旦"H5N1型"进化到可以在人和人之间相互传染的话，就很难控制了。短时间之内，病毒就会蔓延开来，导致很多人死亡。

目前，我们时不时会听到或看到，感染禽流感的禽鸟被大量杀死的消息，因为除此以外没有任何对策。除了杀死所有疑似患有禽流感的禽鸟，别无选择。然而，它已经在禽鸟类世界中肆意横行了，进入人类世界将只是时间的问题。

这就是为什么提前做准备是非常关键的。事实上，不同的国家所采取的应对措施也不同。为了预防，有的国家会直接接种"H5N1型"的疫苗，有的国家会在流感暴发后，使用"H5N1型"的病毒做成疫苗。日本好像还没有正式决定采取哪种应对措施。

譬如美国就认为"预防是不可能的"。为了预防，将使用目前的"H5N1型"的病毒制作疫苗，但是，病毒有突然发生变异的可能性，即使制作大量预防用的疫苗也无济于事。这是美国人的思维方式。

然而，比如瑞士会采取不同的应对方法。首先给全国国民打预防性疫苗。瑞士认为，这样做的话，"即使发生一些病毒突变，死亡率也会下降"。

日本是采取美国式的预防策略还是瑞士式的预防策略，目前还没有定论。确实很难下判断。假设按瑞士的预防策略来的话，为了制作预防疫苗，需要花费巨额的资金。如果疫苗没有效果的话，那么必须有人来承担责任。但是，每个人的费用是1000日元左右。也就是说，每个人1000日元就能买个安心？就算这些都白费了，也没人会因此被问责吧。

不过很遗憾的是，在今天的日本，肯定会谴责相关的负责人吧。恐怕厚生劳动省的官员和委员会相关人员会被问责吧。或许他们会被冠以"浪费纳税人税金"的罪名而被弹劾吧。因此，我想没有人会愿意承担这种风险。

一旦流感蔓延开来……

如果致命的流感疫情出现的话，日本制造疫苗需要半年左右的时间。换句话说，在半年时间里，人们必须靠自己的力量生存下去，预计会有64万至210万人会因为流感而丧生。一旦你成为这死亡人群中的一员，就万事休矣。

目前还处于边境防御战的阶段。为了防止禽流感从鸟禽的世界入侵人类的世界，一旦在养鸡场发现疫情的话，所有的鸡都会被处理掉。也许有人会这么想，"是不是做得太过了？"其实不然，如果你不采取措施防止传染，流感马上就会在人类的世界开始蔓延。

然而，这是一个只需要一周时间，流感就能从地球的一端传染到另一端的时代，如果其他国家没有采取适当的措施，结果也是相当严重的。发达国家在发现感染者时，相关信息一定会被公开并对感染源进行封锁，但是在一些发展中国家则并不一定如此，相关信息可能会被隐藏，甚至会被销毁。这样的话，总有一天"H5N1型"会入侵人类的世界！不，或许在某个地方已经入侵成功了。因为是席卷全世界的传染病，所以国家间的信息隐瞒才是最可怕的。

故意制造通过空气传染的强毒性病毒

2011年9月以后，两组动物实验引起了人们的广泛关注。荷兰和日美联合的研究小组，制造了一种通过空气让雪貂之间相互传染的"H5N1型"变异病毒，并把包含详细实验数据的论文向世界性权威杂志的《科学》和《自然》投了稿。

日美联合研究小组尝试将"H5N1型"病毒的一部分加入到2009年的新型病毒里。其结果是，雪貂之间传染率明显上升了，不过，该病毒并没有强毒性。

此外，荷兰的研究小组则是稍微修改了一点"H5N1"病毒的遗传基因，并向雪貂直接喷射了该病毒，结果显示，致死率明显高了许多。但是，据说该病毒还不具备通过空气传染的能力。

问题是，是否应该公布这些危险实验的详细数据及结果。《科学》杂志是任何人都可以在书店买来读的。万一，想制造生物恐怖袭击的恐怖分子，参考了该论文创造出了"杀人病毒"的话，就可能造成无法挽回的局面。

目前，生物实验室的安全水平分为四个级别。

等级1是以"正常情况下不会造成健康的成年人生病

的微生物"为实验对象，如果有白色外套和手套的话可以进行研究。

等级2是以"能引起轻度疾病（可治疗的）的病原体"为实验对象，例如脊髓灰质炎病毒和季节性流行性感冒等，研究条件要具备安全柜、限制随意访问的实验室。

等级3是以"能引起重度疾病（可治疗的）的病原体"为实验对象，例如结核杆菌和炭疽杆菌等，要求对废弃物和工作服进行除染。

等级4是以"能引起重度疾病（无法治愈的）的病原体"为实验对象，例如埃博拉出血热病毒和尼帕病毒等，需要具备供氧的正压式人体防护服。

此次的"H5N1型"病毒，是在等级3的实验室里被研发出来的。虽然从实验室出来的时候，采取淋浴的方式来杜绝试验室内的空气及细菌泄露出去，但总是觉得令人后怕。

据说要达到等级4的话，需要采购高昂的实验室设备，因此研究目前处于停滞阶段。

经过大规模的讨论后，这篇论文被同时刊登到了《科学》杂志和《自然》杂志上，这个事例再次警示我们，科学有与恐怖活动仅仅一线之隔的风险。

小儿麻痹症活疫苗的悲剧

活疫苗的使用仅限于日本？

小儿麻痹症（急性灰白髓炎）是婴幼儿患病率较高的疾病。这是一种会破坏人中枢神经系统的可怕疾病，其具体的症状是，类似感冒症状之后的四肢瘫痪。

尽管目前的日本已经根绝了自发的小儿麻痹症，但是每年大约还是有4个人会发病。发病的原因是集体预防接种。明明是为了保护孩子的健康而打的预防针，为什么会出现感染者呢？

日本直到最近还在使用小儿麻痹症的活疫苗。因为活疫苗[1]是稀释了小儿麻痹症病毒而来的，所以还残留着毒

---

[1]　又称减毒活疫苗。（译者注）

性，还是有很小的概率会引发疾病。根据日本厚生劳动省发表的数据，发病的比例为每440万人中会有1人发病。据WHO发布的数据显示，每100万人中就有一个人患有小儿麻痹症。

危险不仅仅只是如此。接种的时候，是婴幼儿直接口服的疫苗，其家人有可能会从孩子的粪便中感染病毒。比如，某个特定年代出生的母亲，因为没有口服过小儿麻痹的疫苗，没有相关病毒的免疫力。那样的话就有可能通过孩子的粪便而感染了小儿麻痹。这真是一个可怕的事情，而目前在发达国家中，依然使用着活疫苗的也只有日本了。

而其他很多国家，早已更换为灭活疫苗。"灭活性"意味着病毒失去活性，是非常安全的。挪威和瑞典从半个世纪前就开始导入，即使导入慢的美国，在2000年前也全部更换完了。可是，只有日本迟迟没有更换为灭活疫苗。

造成的结果就是，在发达国家中只有日本还存在小儿麻痹的病例。

即使一年只有4人发病，那4个人也会留下后遗症。虽说是每440万人中才有1个的低概率事件，但对患病的孩子及其父母来说，瘫痪的痛苦会伴随他们一生。如果人生只是被单纯按照数字和概率来计算的话，就太没有人性了。为什么即使在时间和金钱都足够富余的情况下，日本也没有把疫苗更换为灭活疫苗，而是强迫国民走向需要面临终身瘫痪的可怕赌桌呢？

我家在2010年生了一个女孩，所以在2011年的3月和4月自费打了从国外进口的灭活疫苗，避免了这一风险。可能是对日本政府迟缓的决策不抱希望了，在日本，儿科医生已经开始从海外进口灭活疫苗进行接种了。接种两次的话，感染的可能性会变得非常低。在幼儿园里，被周围喝了活疫苗的孩子粪便感染或者其他形式感染的风险也大大降低。

为什么不引入灭活疫苗呢

既然活疫苗这么危险，那为什么不引入灭活疫苗呢？厚生劳动省为什么没有采取任何行动呢？据推测，过去由于疫苗副作用的问题，国家被起诉，甚至有好几次被判支付赔偿。所造成的结果就是，厚生劳动省打算尽量减少被抓住痛脚的疫苗来降低风险。也就是说，如果增加疫苗数量的话，产生副作用的概率就会增加，甚至面临再次被起诉的风险。估计日本政府非常抵触这件事情吧，所以涉及政治因素的疫苗政策才远远落后于其他国家。

这是个比较复杂的问题。任何疫苗都有副作用。即使灭活疫苗，也不能断言绝对没有副作用。如果与其功效相比，不利的副作用较小的话，大多数情况下疫苗都会被许可的。但是，如果有副作用发生了，厚生劳动省被起诉并被判处赔偿的话，厚生劳动省里的相关负责人也会被追究责任，其结果可能是国家对疫苗的引入变得更加慎重了。

另一个让人半信半疑的推测就是，因为在海外灭活疫苗被实用化，如果直接进口的话，日本的制药公司将无法从中获利。在日本的制药公司开始制造灭活疫苗之前，作为国策有可能是不会引入灭活疫苗的。

虽然已经比其他国家晚了很多，但是在厚生劳动省的要求下，日本的制药公司也终于开发了含有四种疫苗的混合疫苗，也就是白喉、百日咳、破伤风，还有小儿麻痹一起的混合疫苗。在2012年的时候，仍处于审批的阶段，有可能在将来取代小儿麻痹的活疫苗。

在今天的日本，不仅仅是孩子，即使是成人也应该根据自己掌握的科学及医学知识，来决定接种何种疫苗。

把什么决定权都交给国家并不能很好地保护自己重要的家人。在调查过其他国家的情况基础上，找个值得信赖的医生商量一下或许是个不错的选择。看着自己年幼的女儿，一想到因为国家的政策失误，这个孩子的四肢有可能会瘫痪，就觉得后背发凉。

Part3

关于宇宙的可怕故事

穿着便服进入宇宙空间会如何？

人类无法在外太空生存的原因

这个话题可能来得有点突然，如果宇航员穿着便服进入宇宙空间，会怎么样呢？实际上，这样的场景出现在了斯坦利·库布里克（Stanley Kubrick）导演的科幻电影《2001太空漫游》（*2001: A Space Odyssey*）（原著：亚瑟·C. 克拉克Sir Arthur Charles Clarke）中。主人公中了人工智能HAL的圈套，结果陷入毫无保护措施的太空"裸游"状态。也许您看过这部电影，那样的事情真的有可能么？追求真实感的库布里克导演应该不会欺骗大家，但仍然还是想问，真的能做到太空"裸游"吗？

另外一部影片讲的不是太空，而是火星。主人公被扔到火星表面，脸部膨胀，眼珠就要蹦出来的科幻电影《宇

宙威龙》（英文原名为：*Total Recall*，原著菲利普·K.迪克
Philip K.Dick）。如果说"火星大气稀薄，气压很低"，
那么跳进近真空状态的宇宙中，眼球会瞬间飞出，身体
也必会爆裂。究竟，这两部电影所描述的场景哪部是真
实的？

让我们把它看作一个科学问题。如果，宇航员出于某
种原因必须从宇宙空间站出去，当然，他马上就会死去。
那么，他大概多久会死去？死因是什么？关于此有几种不
同的假说。

假说①由于宇宙空间是真空，因此身体会爆裂而死。

假说②由于宇宙空间的温度是零下270度，因此会被
冻死。

假说③由于宇宙空间没有空气，因此会窒息而死。

读者您认为哪个是正确的答案？

答案是，假说③的窒息死。因为宇宙空间是真空，
如果人类在没有任何防护措施的状态下从宇宙空间站走出
来，那么会因肺中的空气膨胀而受到损伤。但是，却不会
因此而迅速死亡。此外，由于人体皮肤非常强大，即使进
入真空状态，皮肤也会保持坚韧不裂。

那么，不是被冻死的原因是什么呢？事实上，宇宙中

的温度确实是零下270度，但是为了让我们能够感受到寒冷，热量必须通过空气散出。由于真空中没有空气，热量很难传递，所以不会那么容易变冷。换句话说，没有可以带走热量的导体。

如此一来，结果就是人类宇航员会因为没有空气，在大约两分钟内窒息而死。在窒息死亡之后，身体逐渐变冷并且会膨胀。但是，由于无法用人类进行实验，所以实际上也无法进行验证。

根据NASA（美国国家航空航天局）的理论研究和动物实验（这种动物是什么并不为人知），将该实验动物活生生地扔到宇宙空间中后，很明显其肺部会膨胀而受损，然后因为极速的减压会患潜水病。

还有一种假说认为，血液中会形成气泡并且沸腾。但在极短的时间内血液是不会沸腾的，并且皮肤也不会崩裂。结果就是会由于没有空气而致死。

这样一来，类似于科幻电影《2001太空漫游》中的场景一样短时间的宇宙空间暴露的话，还是有可能的。果然库布里克导演在坚决地做科学的并且真实的电影（或许本来应该说原著是真实的，不过电影画面的缜密性也实在令人敬佩）。

不过，在宇宙空间中似乎最好是要闭着嘴巴，因为唾液会有沸腾的危险。然后眼睛也一样需要闭上，因为眼泪会蒸发。如果你闭上眼睛，捂住嘴巴，并且屏住呼吸，那么跳一下很可能就能到达100米左右的距离。

　　此外，宇宙空间中最可怕的事情可能是来自太阳的直射阳光。很多宇宙射线都来自太阳。宇宙射线是包括γ射线等在内的放射线。

　　总之，强烈的放射线的辐射，会对皮肤和眼睛产生危害。被关在宇宙飞船外面，然后不得不从另外的舱口再进入的场景，想想就觉得恐怖至极。不过如果按照NASA的研究来看，有两分钟左右的求生时间，说不定在这两分钟时间里能找到活路呢。

去时美好，归来可怕——黑洞

黑洞是如何产生的

说到宇宙中可怕事物的代表，非黑洞莫属。黑洞是恒星的终点。比太阳大很多倍的星球在其能量全部燃烧殆尽后，会引发超新星爆炸，星球被炸成碎片后，突然打开的"时空之洞"就是黑洞。

在解释为什么黑洞可怕之前，先简单地浏览一下恒星燃尽能量后变成黑洞的过程。

恒星的内部是个"熔炉"。在那里，首先会燃烧最轻的氢，如果氢气没有了，接下来就燃烧氦。按这样的顺序，燃料一个接一个地改变。虽说是熔炉，但和钢铁厂有很大的不同，"燃烧"这个词也是用来进行比喻的。在恒星的熔炉里发生的反应，应该叫作核聚变。

在地球上，核聚变反应堆尚未投入实际使用，但简而言之，太阳发出光的原理就是核聚变。当小小的原子核融合在一起成为别的大原子核的时候，多余的能量会被释放到外面。

核聚合的原理就是爱因斯坦的"$E=mc^2$"公式。"$E=mc^2$"与牛顿的"$F=ma$"被一并称为是世界上最有名的公式。E是"能量"，"m"是质量（这里的质量请理解为重量）但是，从地球到月球时，质量不变的情况，月球上的重量只有地球的六分之一。在科学上应该正确地区分使用的语言，但是如果太过严格地区分的话，就会渐渐变得可怕，所以在本书中，会灵活地使用相关词汇。"c"是光速。光速为每秒30万千米，或者说是90万马赫（音速的单位）。经常能够看到理科系的学生穿着印有这个公式的T恤走来走去，其实这个公式是个非常可怕的公式。

这是因为，当1克重量的物质全部转换为"E=能源"的话，需要乘以"c"的平方，即使质量只有1克也能产生庞大的能量。这个"庞大"会令人感到恐怖。

在核聚合中，小原子核之间融合的时候，质量会减少。也就是说，一部分会消失。虽说如此，也并非完全消失，而是作为"E"（能量）释放到周围。根据爱因斯坦的公式，能量来自核聚合。

只是，即使不断"燃烧"，只有到铁为止——元素才能通过核聚变产生能量。从轻的元素开始燃烧，虽然有时会导致初期的爆炸，不过，顺利的话，较轻的元素会被全部燃烧，最后就只剩下铁的"燃烧残渣"。燃烧到铁的话，已经没有可供燃烧的能源了。燃尽了能源，恒星将不再发光并死去。

当所有能量都耗尽时，从恒星内部再也不会有能量出来。在恒星还在星光闪耀的时候，因为从内侧核聚变的能量被释放到周围，所以对周围会产生一个压力。就像使气球膨胀的氦气的压力超过周围空气的气压一样。

当来自氦气的压力消失时，气球会在周围空气的气压之下收缩。恒星的状况几乎和气球完全相同，如果恒星停止发光，它会随着自己的重力而缩小。

这也是个想象一下都觉得可怕的光景。设想一下，在地球上，地面一齐崩塌，落入深渊底部的场景，是多么恐怖啊。接下来，想象一下，太阳表面出现同样坍塌的情景。以及，重量是太阳的10倍或者1000倍的巨大的恒星表面由于重力崩溃的画面，可以算得上是宇宙规模级的恐怖吧（顺便说一句，地球和太阳因为质量相对较轻，不会因为重力而崩溃，所以不用担心）。

随着恒星逐渐缩小，小小的原子也会被压碎。最终当被压缩到一定程度时，会反弹回来。无论怎么压缩，原子核的部分还是很硬的，就像无论孩子把棉花糖捏扁到何种程度也不能让它小到完全消失，一定会在某个时候突然地反弹回来。

这种反弹就是超新星爆炸。超新星爆炸所发出的光是非常明亮的，日本平安时代末期的藤原定家也留有"夜晚变得像白天一样明亮"的记录（这里的记录不是他的亲眼所见，而是他收集记录的一些口头传说）。顺便说一下，超新星爆炸有很多种，这里描述的场景不过是其中之一。

只许进不许出的"事件地平线"

超新星爆发之后会诞生黑洞。在时空中突然一下子打开一个洞的状态。大概的状况就好比太过沉重的物体过分地集中在一个狭小的地域，所造成的结果就是形成了一个洞。

用锥子把力量集中在一点上，木材就会被打开一个孔。相类似地，在时空中一点聚集了足够的能量也会打开一个洞。

黑洞的周围会存在"事件地平线"。事件地平线是一个边界面，哪怕只是跨入那里一步，就再也无法逃出来。

和星球表面一样，黑洞也有表面。在星球的表面是，各种各样的物质凝固形成地面，也有大气层和大气的表面。

黑洞的表面则是存在的"看不见的表面"。那就是事件地平线。这个表面虽然眼睛看不见，但是一旦越过了，就意味着再也不能出来了，所以也被称为"宇宙陷阱"。的确是"只许进不许出"。

此外，由于某种原因，即使越过那个边界面进入黑洞的内侧，也不会意识到越过了事件地平线。如果乘坐宇宙飞船进入那里，通过事件地平线的时候，什么也感觉不到，也不会有突然重力变强的感觉。

事件地平线存在于距离黑洞中心相当远的地方。但是，当穿过那条线（严格说来是面）的时候，宇航员是不会注意到的。

在科幻电影和动画片里，黑洞都是用一个大的黑孔来表现。原本"黑洞"这个名字的由来是指"连光都无法从那里出来"的意思，所以看上去是黑色。

所谓看上去是黑色，换句话说，也就是无法看见。那么我们怎么观测黑洞呢？如果黑洞有一个相伴随的恒星（双星系统），在彼此的周围不断地旋转的同时，黑洞会从那个相伴随的恒星上连续不断地吸取物质，简直像吸血鬼一样。只不过吸取的是物质而不是鲜血。

当物质被黑洞吸入的时候会变得非常热，会对周围放射出包括X光线在内的各种各样的东西。通过捕捉X射线，就能知道"这一颗恒星在被吞噬"。进而推断出，那个在吞噬恒星的物体是黑洞。因此，黑洞是不会直接看见的，是通过间接地推测来判定它的存在（将来，以被吸入气体的光辉作为背景的情况下，说不定就能够直接看见事件地平线的"轮廓"了）。

让我们来思考一下宇航员即将飞往遥远宇宙的例子吧。如果宇宙星空图上标注有黑洞位置的话，还可以避免被黑洞吞噬。但是，宇宙的所有黑洞未必都出现在宇宙星空图上。即使在地球上，不是也有"没有被标注在地图上的岛"吗？

如果不知道黑洞的位置的话，就会在不知不觉中越过事件地平线。然后，过了很长时间才会意识到"好像有点不对劲"。但即使试图改变宇宙飞船的方向，也已经是徒劳的。虽然想调转航向原道返回，但只会被吸到黑洞的更深处，再也回不去了。

当得知自己在不知不觉间越过事件地平线时，宇航员肯定会越过恐惧而直接处于绝望的状态。已经再也不可能见到自己的家人和朋友了，甚至连通知他们"自己掉进了黑洞的事"都做不到（通信电波也是光的一种，所以也无法传播到黑洞之外）。

那情景就像顺着瀑布落下的船一样。河的下游就是瀑布。在瀑布的周边，水流的速度会加快。乘坐小船的情况下，在某个时候段，用全力划动船桨的话还有一线希望能掉头返航，不过，当超过某个临界点的时候，就只有被瀑布吞没。

黑洞的事件地平线和瀑布的那个临界点相同。如果能及时发出"越过这条线是危险的"之类的警告的话该有多好啊，但事实上，预先的危险警告根本不存在。有的只是黑洞那突然打开的、等待宇航员主动落网的陷阱。

人被挤压成意大利面的恐怖

读到这里，觉得不是太可怕的人也许会从容地认为，"只是不能返回原来的世界而已，并没有直接死亡，结局还不算太坏吧"。但是，黑洞里还潜藏着更可怕的秘密。

那黑洞里面到底是怎样的呢？事实上，到现在还不是很清楚。但是，有研究人员对假设越过"事件地平线"进入黑洞的宇航员的情况，进行了理论性的推算。

在刚越过事件地平线之后，重力还不是很强，宇宙飞船还能保持原来的形状。可是，即使飞船调转航向，全力向反方向航行，也只会被不断地拉向黑洞的中心。并且，随着逐渐接近中心，重力会越来越强。

那样的话，宇宙飞船就会被像称作"潮汐力"的"大手"抓住了一样，被它的力量任意摆布。潮汐力是天体附近必定会存在的作用力，原本是指在月球的影响下导致地球上的海洋会潮涨潮落的力量。

在地球上，朝向月亮部分的海平面会升高，而背对月亮部分的海平面也会升高（意外的盲点）。这就是潮汐力的特征。也就是说，当有一只"大手"抓住地球并用力握紧时，导致物质从"大手"的大拇指侧和小拇指侧被挤压出来的力，就是潮汐力。

之前发生过一起，休梅克·列维彗星（Shoemaker Levi）经过木星附近时分裂开来的事件。这是因为小小的陨石经过巨大的天体附近时，被木星的潮汐力撕裂了。黑洞的情况也类似，接近中心部的话，潮汐力会变得非常强大。

宇宙飞船进入黑洞的结局其实是非常可悲的。由于被潮汐力的"大手"握住，前后会被拉长。最终会被挤压到分子水平，像意大利面那样延伸开来。构成宇宙飞船和人类的所有分子会被挤压成长长"念珠"，然后就像意大利面一样，被拉进黑洞中心的深处。

我不知道黑洞的中心是什么样的。据说，里面有一个被称为"奇点"的东西。所谓奇点，就是能量和温度变得无限大，一般的物理法则都不能解释的奇异点。

换句话说，也就是说"不知道会变成什么样"。只不过，奇点是在数学及理论上被推测出来的东西，也有可能根本就不存在。

另外，也有另一种观点认为，黑洞的中心是和别的宇宙相连接的。如果能连接到另外的宇宙空间的话，将会形成一幅奇妙的景象。

◆ 宇宙从黑洞中诞生？

①

黑洞底部会变成管状

②

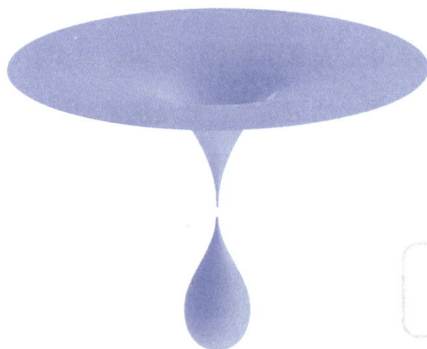

底部会断开，
形成别的宇宙

请参照80页的图。把黑洞看成一个漏斗，到最底部时，管部会被拉伸（①），断裂开来（②），宇宙被分割。

最上面有我们的宇宙，有从孔洞延伸出来的黑洞长管，长管裂开的话就是另外的一个宇宙。还有一种假说认为，这另外的宇宙的不断扩大的样子就是"宇宙大爆炸"。

这个宇宙被命名为"子宇宙"，也就是宇宙的孩子（child universe）。已经成为分子状态（形似意大利面）的宇航员身体和宇宙飞船，有可能再次在另外的宇宙中，通过大爆炸被重新转换成纯粹的能源而释放出来。如果真的到了那一步的话，已经不知道是应该害怕，还是应该满怀希望了。

黑洞可以人为制造吗

以上的解释不过是一个理论上的假说。在没有人探索过黑洞的前提下，谁也不知道黑洞的真相是什么（即使能去探险，也无法再回来）。即使向黑洞发射代替人观察的观测装置，由于观测装置的电波无法被传播发出，所以也无法知晓黑洞的内部到底是什么样的。

如果将来科学发展到一定程度，应该是有可能人为地制造出黑洞的。因为在时空的某一点上聚集巨大的能量的话，黑洞就能被制作出来，所以也并不是极其困难的事。在法国和瑞士国境的CERN的研究所里有大型强子对撞机（大型基本粒子加速器）。在这里，将质子在隧道中加速，并使之正面碰撞。那条质子隧道全长约27千米，大约相当于东京山手线[1]的全长。以99.99%左右的光速使质子相碰撞。这样一来，据说就可能会形成一个小小的迷你黑洞。

只是，由于那个黑洞太小，可能一转眼就会消失不见。著名的物理学家史蒂芬·霍金博士也说过，伴随着时间的推移，黑洞会消失掉。

从黑洞的周围，也就是事件地平线上，会漏出一点点放射线。这是"量子力学"领域的相关计算所得出的结果，并以霍金博士的名字，将这种放射线命名为"霍金辐射"。向周围放射能量，就是说明能量在减少。能量减少

---

[1]　东京的环状铁路。（译者注）

的话，黑洞就会变小，直至最后完全消失。所以小的黑洞会在短时间内消失。

如果没有霍金辐射的话，在地面实验室里制作出来的黑洞将"只会不停地吞噬"。假设黑洞能通过不断地吸入物质而逐渐变大的话，小小的黑洞会没有限制地持续吸入周围的东西，首先会吞噬研究所的建筑物和人，变得更大，然后吞没瑞士和法国，最后说不定会吞没整个地球。这太吓人了，不是吗？

可是，如果霍金辐射的机制正常运转的话，就不会发生这样的悲剧。大多数物理学家认为存在"霍金辐射"，并声称，即使是产生了迷你的小黑洞，也会在它吸入周围物质之前就自然地消失。

只不过，并不是所有人都相信这个理论，有人就在美国的夏威夷州提起了诉讼。前任美国原子能安全检查官主张："一旦出现小黑洞，就有可能导致整个地球被吞噬。应该立即停止这种实验。"并向法院起诉，禁止相关实验。审判的结果是，"CERN的计算结果是可信的。假设形成黑洞，也会由于霍金辐射而消失，因此不用过度担心。"

但是，万一因为某种原因没有发生霍金辐射的话，会变成什么样呢？一丝不安仍然存在，还是有点可怕！

在我们的银河系中心也有……

黑洞可以用公式来进行说明。如果知道黑洞的重量，黑洞消失的时间也就可以计算出来。如果黑洞越重，它消失所需要的时间就越长。因此，大到一定程度的"流浪黑洞"在银河系中移动时，一旦进入太阳系的话，我们就会很危险。因为这些大黑洞需要几亿甚至几十亿年的时间才会消失，所以非常危险。只不过，大的黑洞的话，应该比太阳都重得多，如果它们接近太阳系的话，所造成的影响，通过天文观测，应该是能够事前观测到的。另外，就像F1赛道那些的急剧弯曲的弧度一样，靠近黑洞的天体会急速地改变方向，离开黑洞的情况也有很多，并不一定全部被黑洞吞噬。

顺便说一句，在我们所处的银河系的正中央，就有一个黑洞。这个黑洞的质量是太阳的数百万倍。因为太过巨大了，以至于无法想象它的真实大小和重力的强度。对于它周围的星球来说，巨大的黑洞是个非常大的威胁，但是对于位于银河系边缘的太阳系来说，因为距离黑洞太过遥远，应该不会直接受到来自黑洞的任何影响，所以可以相对安心一点。首先应该担心的是朝太阳系方向移动的流浪黑洞吧。

星系和星系之间的碰撞？

再继续说说星系层次的可怕故事吧。

在我们居住的银河系的旁边，有一个仙女座星系。银河系和仙女座星系是通过引力相互吸引的，因此两个星系的距离也越来越近，并且会在将来碰撞在一起。相互靠近的速度是大约每秒300千米，通过计算，大约再过30亿年两个星系就会碰撞在一起。

什么？这个银河系会撞上旁边的星系？是的，没错。当然，在你我的有生之年，并不会看到这一幕，但大体上可以肯定这两个星系会相撞。只是不知道，人类是否能够存活到那个时代。

然而，即使两个星系相互碰撞在一起，有趣的是，星球几乎不会相互碰撞。在各种银河系相关的照片中，银河系看上去似乎有许多星球密集地聚集在一起，但实际上它是非常空旷的。因此，即使星系相互碰撞，构成星系的星球之间也几乎不会碰撞。就类似政权交替的这种感觉吧。即使国家整体发生巨大的变化，国民的生活也不会有太大的变化。虽说如此，星系的形状也应该会发生变化，例如从当前的旋涡星系变为椭圆星系之类的重组应该会发生吧。

如果星系互相融合的话，星系中心处的巨大的黑洞也有可能会融合，形成一个更大的黑洞。实际上，宇宙中充满了巨大的黑洞，到处都有大型的黑洞。然而，为什么星球会聚集在巨大的黑洞周围成为一个星系，为什么会形成一个巨大的黑洞之类的详细原因我们并不知道。

这个星系碰撞的故事，乍一看好像很恐怖，但实际上可以说是并不那么可怕。

如果外星人真的存在的话

与地球相似的五颗行星

目前，开普勒太空望远镜正在观测着太阳系外的行星。这架望远镜是由NASA发射的，它紧随着地球围绕太阳公转的轨道而运行。

开普勒太空望远镜对太阳系外的类地行星进行探测时，于2011年2月发现了54个太阳系外类地行星。也就是说，有生命可能性的行星有54个。

此后，有宜居带存在的行星也逐渐被发现（因为发现的速度太快，在写这本书期间，状况时刻在发生变化）。顺便说一下，太阳周围唯一的宜居带就是地球。

水星和金星因为太靠近太阳，所以水会变成水蒸气。然而火星又因为离太阳太远，水会结成冰。像地球一样水以液态形式存在，可以孕育生命，并且与恒星的距离适当，这被称为宜居带（habitable zone），也就是一个生物可以居住的地方。

太阳系以外的类地行星，因为其与地球非常相似，那么有太阳系外生命体存在的概率就大大提高了。

听了这个观点，很多人都会兴奋吧。但是，有科学家主张这是可怕的事情。那就是史蒂芬·霍金（Stephen William Hawking）博士。他的主张如下：

假设在某个行星上，真的存在着生命体。该生命体也是高等生物，可以制造各种各样的机器的生物。我们完全无法保证他们的文明程度比我们低。甚至他们的文明程度压倒性地高于我们。假设他们已经掌握了某种人类未知的科学技术，并以此开发出来可以在宇宙中远距离移动的方法。如果他们的文明程度发展到那种程度的话，那么他们很有可能也会拥有强大的破坏性武器吧。

咦？越来越可怕了。

可接触的外星人是……

如果他们来到地球会发生什么呢？

回顾历史，当先进的文明（所谓先进的，有各种各样不同的标准，在此我们以使用科技武器的水平为标准）遇到落后的国家，毫无疑问，落后的国家将成为其征服的目标。诸如西班牙在南美洲所做的事情，或者是从非洲带走大量奴隶的先例。

　　先进文明带着其伦理观进入科技落后的国家，并与那个国家共存共荣这样的事情，在地球的历史上没有发生过。大多数情况下，都将在军事上或者经济上支配对方。

　　如果以宇宙尺度来设想在地球上发生的事情……如果外星人文明程度高的话，地球便是其征服的对象。旅行者号探测器（Voyager）已经从地球向宇宙发送着"我们在这里"的信息，可我们无法判断这究竟是不是一件正确的事情。如果存在着可以接收到从地球发出的信息，并且可以解密信息的文明的话，恐怕他们能够来到地球吧。

　　当他们可以解读信息并来到地球的那一刻，就证明其文明更先进。这么说的原因是，如果问及当外星人向地球发送信息时我们是否能够接收到这些信息，答案首先便是不可能。因为现在地球周围有我们人类存在的空间只有宇宙空间站。国际宇宙空间站只不过有几个人。在那里偶然地，不知从宇宙何处漂浮而来的探测器，以刚刚好的速度接近我们的宇宙空间站，这样的事情首先不可想象，因为概率实在是太低了。

也就是说，如果可以从宇宙空间中接收到我们的信息并且可以将其进行分析的文明，那一定是极其先进的文明，这一点毋庸置疑。如此一来，地球不是会被他们所支配么？史蒂芬·霍金博士所说的"可怕"应该是出于这样的原因。

说不定我们会被外星人奴役，最坏的情况也许会被当作饵食。但是大多数人对于外星人的存在只感觉是一件很浪漫的事，很难像霍金博士那样去基于现实而考虑。所谓现实感，指的也就是令人害怕的感觉。

用虫洞将时间缩短

假设我们用开普勒望远镜向发现的遥远行星发射光（电波）。比如说名为"开普勒22b"的行星，它是地球大小的2.4倍，处于宜居带，其距离为600光年。以光的速度来算需要600年。

就人类现在的科学技术水平而言，不管联络速度能有多快，那都是600年后的事情。开普勒22b星人（在此我们暂且命名为"开普勒22b星人")如果拥有比人类水平更高的科技，那么，现在他们很有可能就拥有一些我们所无法想象的通信手段。

接下来讲的就属于科幻小说的范畴了。最可怕的情况应该是他们拥有在宇宙中构建隧道的技术吧。对于一般正常的移动来说，按光速也需要600年。但如果他们找到了捷径，那就很严重了。所谓捷径的方法就是隧道——也就是虫洞（wormhole）。

虫洞是宇宙的虫蛀洞（worm在英语中是"虫"的意思），据说在理论上它是存在的。这就像黑洞一样，是连接宇宙中的A地点和B地点的隧道。如果他们拥有构建虫洞的技术，等电波到达之后的几年左右外星人将会来临……这就太可怕了。

如果对方文明程度高的话，我们就会像动物园里饲养的动物一样。不管被如何对待，我们都无从反抗。或许有可能会被关起来做人体实验。也或许，人类会被当作美食吃掉。好恐怖！

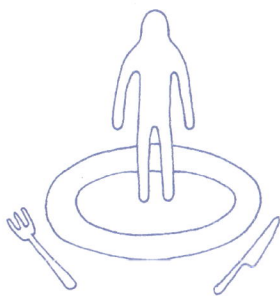

无限宇宙和有限宇宙

如果宇宙无限延续的话……

大家是否还记得，当小时候听说宇宙无限大的时候，那种恐怖的感觉吗？听到父母或老师说"宇宙是无限大的，无论你怎么往前走都永远走不到尽头"的时候，我估计大多数人都不由觉得害怕。对于自己未知的东西，以及自己未曾见过的东西一直在持续着这样的事情，我们会感到非常恐怖。

有一种镜子叫作三面镜。通常是正面和左右都有镜子的梳妆台。把脸放入三面镜中央尝试关闭左右两边，光会被多次反射，于是自己的脸会持续被反射在镜子里。严格来说，在镜子的世界中并非产生了无限次反射，但是近似于无限次反射的自己的脸会在镜子中越来越小，并且不断持续着。那便是潜藏在无限世界中的恐怖。

江户川乱步（Edogawa Ranpo）有一部名为《镜地狱》的作品。讲的是一位被魔镜魅惑的男人，最终进入由镜子做成的球体镜中狂性大发的故事。这也是一部恐怖的小说。

另外，由哥伦比亚大学教授布莱恩·格林（Brian Greene）所著的《隐藏的宇宙》（*The Hidden Reality*，竹内薰监修）一书中，有着各种各样的多宇宙、平行宇宙的介绍。

书中有一种假说，叫"拼接布宇宙"（又译"百衲被宇宙"）的假设。拼接布（patchwork quilt）指的是用各种颜色一块一块拼接而成的布。拼接布宇宙所说的是什么意思呢？如果宇宙是无限大的话，那么我们所能够观测到的范围，也就是光可以到达的范围，是有限的。光就是"光速"，每秒30万千米。

从宇宙诞生到现在，约有137亿年。光用了137亿年时间前进的距离是137亿光年。也就是说，从原理上讲只能看到这个范围。现在到达地球的光，是137亿年前的光照射过来的。但是，如果宇宙是无限大的话，那么比这更遥远的宇宙我们就绝对观测不到（宇宙在以惊人的速度膨胀，据说宇宙半径有约400亿光年以上）。

这个宇宙的某个地方有和自己一样的人？

光确实是经过137亿年的时间照射过来的，但光在发出之后，发光的地方却越来越膨胀且逐渐远离，如果测量其距离，大致半径是470亿光年左右。

但是，也许宇宙比这还更加广阔。所谓的"拼接布宇宙"的假设即是，以发光的地方为中心考虑的话，约半径470亿光年宽度的领域为拼接布宇宙的一个领域，那么宇宙的真正姿态其实是由无限多个类似的拼接块拼接而成。

这样一来，与我们相同的，也就是和地球完全相同的东西，存在于某个地方。无限模式的存在，指的就是这个意思。

模式是分子的排列。人的身体和地球都是由分子组成的，所以它的排列是有限的。如果宇宙无限大，有无限多的星球，那么与地球同样的分子排列，或者说与竹内薰完全同样的排列也应该存在。再重复一遍，如果宇宙是无限大的，那么是因为无限模式的存在。

这样想的话，这个宇宙的极为遥远的远方，存在着一个虽然可能无法相遇，但却完全相同的自己。或者，也许稍有点不一样的自己。他和我长着一张同样的脸，声音也一样，但却是个非常坏的家伙，可能是那个星球上的杀人恶魔。这样想下去，可能会感到非常可怕。或者，他和我不同，也许过着如国王般的奢华生活，也许过着更为悲惨的人生。

问题在于，那样的自己的"化身"是随机分布的。换句话说，"化身"并不总是在宇宙无法观察到的远处。那个另外的自己，说不定就会意外地出现在附近。据说即便地球上也有与你像双胞胎一样的人存在于某处，如果宇宙是无限大的话，那么你的"化身"大体上确实会存在于宇宙的某处。

终极智慧的生物创造宇宙？

还有一种关于宇宙不是无限的说法，即宇宙是出乎意料地非常小的假设。当然，虽然这种说法假设它很小，但也不是太阳系的尺寸或水准，而是能容纳几千个、几万个银河的大小，但它仍然是有限的。也就是，宇宙是有限的，以某种几何形状（类似多面体）存在的假说（"庞加莱十二面体假说"）。

根据这个理论，如果一直向前，走到宇宙的尽头并继续前进，那么你将再次从宇宙的另一侧重新进入宇宙。这就好比是打开阳台的门走到外面，然后可能瞬间又从门口进入到了家里。

如果宇宙具有几何形状并且是有限的，从某种意义上说，我们是被困在宇宙之中。人类本能地害怕被困。

再想得更远一些，我们会不会是在动物园里。有一种非常聪明的高等生物，它创造了一个小宇宙，宇宙中的我们被饲养着。关于这个假想著名的是亚瑟·C.克拉克的《2001太空漫游》。在那部作品的最后一幕中，我们被超越人类的存在所观察着。

我不认为人类是这个广阔宇宙中最聪明的。应该会有更先进的文明存在吧。那样想相对比较自然。智力不断提高的文明最后会变成什么样呢？也许最终可能会有能力人为地创造宇宙。在那个文明中，科学家们也将会进行实验，也许会在自己的实验室中造一个宇宙然后仔细观察。如果说我们只是那其中的受试动物……无法想象的恐怖……

模拟宇宙中神将诞生？

还有一种假说与刚才提到的非常接近，叫作"模拟宇宙"。在高度发达的文明中，计算机也将高度发达。在那个世界里，计算机的处理速度应该会比我们现在的超级计算机还要快得多，内存也应该会大很多。如果有超高速计算机，那将能够做很多事情。像电脑游戏的"模拟城市"（Sim City）和"模拟地球"（Sim Earth）一样，文明也可以模拟。也就是说，这将是终极模拟。

飞行模拟器在最新的版本当中，也已经实现了接近实际飞行水平的图像和操作感。同样，如果计算机的运算能力提高，能完全模拟在地球上正在发生的事情，那么地球上人类的个人意识也将会变得完全可以模拟吧。

也就是说，谁都不能证明这个宇宙不是更高度的文明在其电脑中的模拟。如果在电脑中，预先设定与DNA的机能同样的信息，那么生命很可能将会发生进化。因为所有物理法则都可以用数学公式来表示，那剩下的就仅仅只是通过模拟来计算的问题了。

我们的生活，也许只是一台大型计算机中的模拟。这是一个可怕的想法。如果正在运行该模拟的人因为"我厌倦了这个模拟"然后按下关闭按钮，那么我们及周围的世界将立即消失。那将是"神"所发挥的作用。我认为"神"这个概念，也是有这种可能性的。掌握着这个世界的命运的存在——那就是"神"。

"神"可以终结这个宇宙，但那将极其责任重大。如果不小心脚把电源线绊到，电源"啪"地一下子断了，那一切都无法挽回了。至少，希望能给我们一些时间用来惊恐，然后再慢慢地结束。

Part 4

关于地球的可怕科学

人类灭绝的可能性：磁极反转，陨石撞击，全球冻结

北极是S极？南极是N极？

地球有北极和南极，而在罗盘磁铁中，有N极和S极，N指向的方向是北极。换句话说，北极，即地球的"磁铁"（地磁）的S极。

什么？这是什么意思？

乍一听虽然可能有点不可理解，但稍微细想一下便会很自然地明白，磁铁是N和S相互吸引。因此，罗盘磁石N所吸引的方向是S极。那么如果把地磁和地球整体作为一个磁铁来考虑，则北极是S极，南极即N极（这个知识很有可能在初中的入学考试题中出现）。

平均而言，磁极大概在数十万年左右会发生一次反

转，这种现象被称为"磁极反转"。由于是"平均"数十万年，这意味着并不一定是每隔几十万年就会发生一次磁极反转，由于目前地磁处于持续减少的状态，如果按目前这种状态继续减少下去，估算大概再有1000年地磁将会归零。然后一旦归零之后地磁将会发生磁极反转。

什么？我怎么从来没有听过还有这样的事情？这么重大的事情，政府为什么没有公布过？

诚然，即使环境省[1]大做文章也没有什么不可思议的，但对于人类来说，用千年为单位的时间尺度算是一个较遥远的未来，类似政府和企业之类活在"现在"的忙碌的人们来说，磁极反转基本是一个毫无关系的话题。然而，从科学角度来看，"地磁归零并且逆转"是一件大事。

地磁在地球周围产生磁场，以防止宇宙射线从太空飞来。所谓宇宙射线指的是各种粒子。比如光的伙伴伽马射线、X射线，以及电子和它的朋友μ子之类的粒子。因为它从外太空飞来，我们称它为"宇宙射线"，但基本上你

---

[1] 日本的中央政府部门叫"省"。（译者注）

可以认为它与"辐射"是相同的东西。

从太阳也会飞来很多粒子。太阳风也是粒子的集合。太阳表面发生大规模爆炸（太阳耀斑）之后，太阳风或"太阳风暴"将袭击地球。

有害的粒子也会从遥远的宇宙中飞过来。例如，极强的γ射线在射束状态下飞过来的γ射线暴现象。可以说，地球一直处于被外部粒子攻击的状态。

人类被地磁保护着

当宇航员长时间待在空间站时，宇航员的身体会受到很多粒子的辐射。这是一项非常危险的工作。这就是为什么必须达到一定的年龄才可以成为宇航员的原因（虽然一般情况下不怎么公开说明），但是对于儿童和孕妇来说，空间站的粒子辐射对他们来说是十分危险的。

对于地球上的我们来说，宇宙射线会在与大气中的空气分子发生碰撞时产生形态变化甚至消失，同时磁场也会将它们阻隔在外。这样一来，我们受到的是双重屏障的保护。虽然我们不用担心空气会消失，但是磁场会消失的事实会让我们裸露在辐射当中，紫外线也会变强，罹患皮肤癌的概率也会增加。

从现在起的1000年以后磁场消失时，双重屏障保护将会消失一个，存储在细胞核中的DNA突变将比以前更频繁地发生，我们对于来自宇宙中的有害放射线将处于无防备状态，那个时候人类应该怎么做？比如外出时，可能我们必须要穿防护服才可以出门。

然而，由于生物物种也会通过变异而产生"进化"，如果我们考虑地球的整个生态系统，这也可能是新的进化产生的触发器。尽管如此，如果由于整个地球规模的"进化"演变而造成人类灭绝，这仍然是非常可怕的。

地磁逆转现象最近一次发生在80万年以前。因为日本人松山菅野先生是进行地磁学研究的先驱，所以被称为"松山逆磁极期"。

在这里，我们来总结下过去生物大灭绝的几个时期。

首先是白垩纪末，距离现在约6500万年。再之前是三叠纪末，距离现在约2.1亿年。再早期是二叠纪末，距今2.48亿年。生物的大规模灭绝时期正好与地磁的逆转时期相重叠，但并非"地磁反转"就等于"大灭绝"。因为在约8亿年前发生地磁反转时并没有出现大规模灭绝。

所以我们推测，生物的大量灭绝可能是由于全球气候出现大的变化，并与地磁反转相重叠，这样多重因素共同作用而产生的结果。

大规模生物灭绝过去发生过11次

附带说明一下，生物的大规模灭绝曾经发生过11次，包括前面提到的3次。在过去的5.4亿年中，生物大规模灭绝出现过11次。好吧，我不知道这个数字算多还是算少。

这11次中有5次规模很大，大致70%～80%的生物物种出现灭绝。距离现在最近的一次大规模灭绝是刚刚提到的白垩纪末。恐龙的灭绝就发生在那个时期。同时，事实上76%的海洋生物也在那个时期灭绝。据说原因是巨大陨石的撞击。从外太空飞来的陨石袭击了墨西哥尤卡坦半岛的北部。到现在那里仍然有一个直径约180千米的陨石坑。从宇宙中都可以看出该陨石坑是圆形的形状，由此可以推测当时巨大陨石的撞击造成的爆炸威力有多大，整个地球尘埃激荡，海啸肆虐。

整个地球由于被烟尘覆盖而变得寒冷，气候开始变得异常。这被认为是发生大规模灭绝的原因。但是，这11次的大规模生物灭绝原因是否都来自陨石，似乎并非如此。

还有一种理论认为大规模生物灭绝是由于来自地球内部的物质"甲烷水合物"的泄漏而引起的。那就像是一次全球规模的火山爆发，据说甲烷水合物从海底的每一个地方都"咕嘟咕嘟咕嘟"冒出来，但事实是否如此仍然是个谜。

濒临灭绝的命运在1亿年前就已成定局

实际上，巨型陨石的故事还有一些补充的话题。让我来详细说一下。

1978年，在墨西哥尤卡坦半岛的石油开采过程中发现了一个直径180千米的陨石坑。这是前面提到过的白垩纪时期的陨石。由于太大，当时并没有人知道它其实是一个圆形的陨石坑，以为就是一片洼地或者说是地形地貌的一种。

陨石的直径是10千米。那是一个巨大的尺寸，这么大的巨型陨石从天而降。说到10千米，从我居住的横滨到川崎一带的整个区域都会被压碎。如果你抬头仰望天空，发现两个大型城市规模大小的黑色大块，以时速1万千米的超乎想象的速度"降落"下来。（因为同时在燃烧，估计实际上看起来应该是红色的）。最先进的波音787的巡航速度大概是每小时约900千米，那么陨石的下落速度将是该种飞机飞行速度的10倍以上。

"杞人忧天"一词来源于中国，是一个担心天空会掉下来的愚蠢人类的讽刺故事，但从现代科学观点来看，天空会掉下来这一说法，事实上是存在的。

不过，即便你能注意到一颗巨大陨石的坠落，由于它的速度太快了，你根本无法逃离。天文学家即使在一年之前就注意到一颗正瞄准地球冲过来的巨大陨石的存在，在那个时点也不能准确知道它将撞击地球的何处。因此，从结果来看，陨石坑的直径为180千米，即180千米的范围内都会瞬时湮灭。那便是从东京到静冈一带都会被压成"肉饼"。这么一想，这已经完全超越恐惧，不知道该如何形容，是悲壮还是凄惨……并且随着时间的推移，其周围的环境也会不断走向灭绝，最终演变成一个重大的全球变化。同时似乎还引发了数千米的海啸，所以这已经完全不是一个该去哪里避难的话题了。

这个陨石是从何处而来的，最近开始逐渐明了。

据说火星和木星之间的小行星巴普提斯蒂娜（Baptistina）是原因所在。在1.6亿年前，小行星巴普提斯蒂娜与另一个小天体相撞。1.6亿年前的撞击碎片用了一亿年的时间以极快的速度在宇宙中一边漂移一边向地球坠落。于距现在6500万年坠落到地球。

这就意味着恐龙灭绝的命运在大约一亿年前就已成定局。换句话说，在很久以前，"走向灭绝的按钮"就已经开启。地球上的生物在毫不知情的情况下度过每一天，然后命中注定地，一亿年之后陨石坠落……

这种天体碰撞的连锁反应被研究人员称为"死亡台球"。1.6亿年前的小天体之间的相互碰撞，最终会落到地球上导致生物大规模灭绝。举例而言，即使接下来有一颗陨石会落到地球上，现在的我们就算担心也并不能改变大约在一亿年前就已经被决定的命运。那个按钮是由谁按下去的？又或许那仅仅是个单纯的偶然巧合？

我们可以像《世界末日》中描绘的那样去保护地球吗

电影《世界末日》（*Armageddon*）中描绘了小行星接近地球及人类如何面对危机的场景。运行轨道接近地球的小行星被称为"NEO（Near Earth Object）"，白垩纪末发生的巨大陨石撞击，据说是由近地小行星造成的。

至于这种小行星之间碰撞发生的频率，直径约1千米的小行星是100万年间数次，直径约5千米的小行星则每1000万年一次。至于那些更小的小行星，则大概每个月都会发生一次。如果没有大气层这个屏障作保护，地球的表面就会像月球表面那样到处都是陨石坑（过去也有陨石像雨滴下落一样的时期，但地球表面一直在变化，并且有雨水侵蚀，所以这样的坑坑洼洼几乎都消失了）。

百万年当中数次，1000万年当中一次，这个频率似乎听起来没有那么高，地球的年龄已经有46亿岁了，以1000万年一次来做个简单计算的话则是已经有过几百次了。

直径5千米的小行星以极其快的速度直击地球，这确实也会导致恐龙灭绝。

那么，直径再大的小行星撞击地球很可能就会导致人类灭绝，因此NASA反复观测小行星的碰撞。例如，2002年4月NASA公布一颗直径为1千米的小行星将在2880年的3月16日这一天以0.3%的概率击中地球。

即使知道这颗小行星会在2880年以0.3％的概率撞击地球，我们还是不知道应该如何应对。此外，据说在2006年7月3日，一颗小行星在距离地球42万千米的位置与地球擦肩而过。这便是小天体碰撞的未遂事件。

　　再者，2008年10月7日，一颗刚被发现仅仅一天时间的小行星，冲入大气层并在苏丹上空爆炸。据说这些碎片是作为陨石被回收的。

　　2008年10月7日的这次是在撞击的一天前发现的，然而，并不是所有的碰撞都能被人类及时发现。在目前的观测系统下，对于较小的天体，不到最临近的时刻很难被观测到，这是我们所担心的问题。

　　由于小行星本身不发光，被太阳反射到的小行星才会被观测到。离得越远越不容易被发现，因此，想要把所有的小行星全部掌握似乎很难实现。

　　在电影《世界末日》中，人类靠火箭接近了小行星，在小行星上开了一个洞并将其进行核爆炸。如果小行星是由坚硬的岩石组成的，那么通过爆炸将其粉碎是有可能的。可如果是糸川小行星，内部是像海绵一样质地的中空且重量极轻，那么通过局部放置核弹能否将其粉碎则需要画个问号。

如果几年之后，一颗直径为5千米的小行星撞击地球，我们该怎么办？

首先，我们应该花半年左右的时间进行轨道计算。当陨石将会撞击的事实变得确定时，在世界范围内采取措施并开始考虑如何转移或摧毁轨道。然后我们需要在实际发生撞击的大概前一年开始着手处理。如果通过发射火箭、发射导弹都不能顺利解决的话，最终可以考虑人为（或者机器人）去直接接近小行星，将火箭装载到小行星上将其发射，以带动小行星改变运行轨道等方法。

但是，即便如此，我们都不能确定是否能成功改变小行星的运行轨道。

预测陨石将会坠落何处十分困难。进入大气层时将以什么角度进入？会在途中发生爆炸，还是会以其巨大的尺寸原封不动地撞击到地面？抑或会冲入海洋？类似上述的这些计算几乎都是不可能实现的。

事实上，在现实中，考虑到由于恐慌而会导致事故发生，政府不太可能会做出"该地区周围100千米范围内均有危险请撤离"这样的事情。比较现实的是，回收卫星，或将其沉寂到海底，或于澳大利亚回收隼鸟号

（日文名为HAYABUSA）小行星探测器。隼鸟号回收成功是因为一直控制得当，而小行星的轨道仍然无法实现完全控制。

如果巨型陨石的撞击成为一个确定的事情，虽然不是末世论，但可疑的宗教将会开始流行，抢劫掠夺也将会发生。假设全人类的六分之一将会灭绝，那就像一个无法逃脱的俄罗斯轮盘赌。人类还没有办法从那样的恐惧中逃离。

地球已经冻结了好几次

全球范围灭绝的可能性不只来自这些从天而降的大恶魔。"全球冻结"也有可能造成人类灭绝。全球冻结在英语中被称为"雪球地球（Snowball Earth）"。据推测，地球出现包括赤道在内的冻结现象，也是过去发生过大量生物体灭绝的原因。

最古老的全球冻结时期是休伦冰期（Huronian glaciation），距今24.5亿年至22亿年。之后是瓦兰吉尔冰期（Sturtian-Varangian glaciation）和马里诺冰期（Marinoan glaciation），距今7.3亿年至6.35亿年。

全球冻结一旦发生，即使是原生生物也会大量灭绝。原生生物指的是藻类、水霉、变形虫、草履虫、黏菌等既不是动物也不是植物的无法分类的东西。在全球冻结时期，据说原生生物也出现了大规模灭绝。

然而那之后，出现了各种各样的生物。有一种理论认为，多细胞生物也是在全球冻结之后出现的。这是关于全球冻结引发各种物种出现的一个假说。

全球冻结为什么会发生？又为什么会结束？到现在都不得而知。有几种假说，但并没有一个"就是这个原因"的确切说法。当全球冻结发生时，地球的整个表面都变成白色的冰。一旦变成白色的冰，太阳光线会被反射而不会被吸收，然后地球将会变得更冷。

地球一旦冻结之后理应不会再融化，但是现在我们生活着的地球并不是冻结着的。作为猜想，有这么一种假说，全球冻结的结束可能是由于火山爆发。即使地球表面被冻结，地球内部也是活跃的，因此火山爆发的可能性便存在。火山爆发之后二氧化碳就会被释放。它成为全球变暖的天然气，然后全球开始变暖。最终结果是"全球冻结"状态结束。

但是否真的如此，我们不得而知。今天，全球变暖是一个全人类的课题，但反过来看，一旦全球冻结，人类将会灭绝的可能性也存在。仅仅是想象一下一个纯白色的冰冻的地球，就会顿时觉得寒意遍布全身。

地震、海啸、核电

地球上可能发生的最大地震震级是M10

2011年3月11日发生的东日本大地震的震级最初被公布为8.8级，但随后被修改为9.0。按当初的计算，该地震能量是阪神淡路大地震能量的355倍，但这个数值是错误的。

震级大小的标准有两种，一种是气象厅标准的震级，另一种是世界标准的震级，阪神淡路大地震的震级（以下用M表示）数值7.3是日本气象厅的标准，换成世界标准则是M6.9。

在东日本大地震中，政府宣布的数值是世界标准而非气象厅标准，即M9.0。也就是说，本来应该用来比较的数值是M6.9和M9.0，这样计算的话能量将变成"1400倍"。

这意味着相当于阪神淡路大地震的1400倍的能量袭击了日本东部。

为什么会发生这么大的地震？顺便说一句，地球上可能发生的最大地震，目前预计是M10，是东日本大地震能量的30倍。人们认为在地球上不会发生比M10更大的地震。

这样比较的话，东日本大地震真的是一次破坏力非常大的地震。对于日本来说算是一千年一遇的大事情。1000多年之前，类似于这次一样的大海啸袭击了东北地区并直接到达内陆，在东日本大地震之前我们就发现了这样的痕迹。但是，当时并没有做这种基础研究的预算，那次大海啸也没有对我们以后的防灾起到作用。

宫城县有一个地名叫"荒浜"的地方。这是一个由地震而引发大规模灾害的地方。我猜想，"荒浜"一词，可能是由于过去被大海啸侵袭过，所以（为了纪念）将其留作地名。

过去也有过超过30米的海啸

在东日本大地震中，我们目前所知道的海啸达到的最高高度是38.9米。过去的明治三陆地震海啸仍存留着达到38.2米高度的历史。东日本大地震海啸的高度完全超过了明治三陆地震（即便是高度10米的海啸，由于有冲击的势头，最终完全有可能升到30米的高度）。

在这次地震中，灾害预测地图根本没有起到作用，即使提前避难到所谓的"撤离到这里便安全"的预设避难场所。好多避难所都被海啸吞噬，很多人都死于此。

或许人类的科学力量对预防自然灾害还是有极限的吧。曾经假定的4次地震会同时联动发生也是令人惊讶至极，这次地震导致横跨500千米的板块边界都发生了偏移。政府也曾预想到500千米范围内会发生4次大地震，但是并没有预想到其会同时发生联动地震。政府所预想的是，震级在M7到M8左右规模的地震，一个一个单独发生。也许，如果这次是单独发生的地震的话也不至于会出现如此多的受害者。

当然，也有专家曾发出联动地震也是有可能的警告。人类可以假想任何最糟糕的情况，但是否能应对任何最糟糕的情况……现实是很困难的（因为预算的限制，即使警告有千年一次的灾难，预算也很难在国会通过吧）。

危险的是核辐射？还是放射线？

另外还有核电站的问题。关于核电站的事态会恶化到这种程度，是当初很多人没有想象过的（尽管作者以前曾系统地学习过原子物理学并以科普作家作为职业，也不敢想象会造成这种程度的灾害）。尽管核燃料的储存容器是由27毫米厚的钢板制成的，但还是有裂缝出现在储存容器上。除非发生意外，否则储存容器是不会破裂的。储藏容器中的气压是四倍的大气压。由于要使用内部的水蒸气来转动涡轮机，所以压力比较高（在我们周围的气压是一倍大气压）。据说在设计上可以承受12倍大气压。此次，最危险的时候内部的压力上升到了8倍大气压。虽说在到达设计上限的12倍大气压之前，应该是不会爆炸的，但是实际最高气压达到通常运行状态的两倍，因此陷入了非常危险的境地。

如果破碎的储藏容器发生爆炸的话，里面的核燃料会被全部炸飞掉。那将会是预想中最糟糕的状态。比如，切尔诺贝利核电站的事故，真的是很恐怖的爆炸，令人难以置信的是，竟然没有任何储藏核燃料的容器。切尔诺贝利核电站是非常原始的核反应堆，没有储藏容器，只有储藏室之类的建筑物。

福岛核电站内储水池的核辐射数值已经高得离谱。与正常运行时的炉水相比，是正常值的10万倍。显然核燃料已经破损，并有放射性物质泄漏出来了。

核电站事故可怕的原因之一就是"看不见的核辐射"。而且，到目前为止，关于核辐射，我们几乎什么都不知道。人类对于未知的事物会感到强烈的恐惧。

另外，语言的定义也有问题。媒体经常使用的"核辐射来了""核辐射到东京了"这种说法在科学上是错误的。

核辐射就是"放射性"。放射性来了，从严格的意义上讲，其本身并不成立。来的是放射性物质，放射性物质会产生放射线。

放射性物质也就是一些元素，譬如铀235、碘131、铯137，这里原子核的重量就直接标记为数字。原子核由许多中了和质子组成，数字表示其重量和大小。

假设铀235因核裂变而分裂。这样，体积就会变小。核裂变产生的"碎片"，即新的核元素，例如碘131和铯137。

并且，核裂变的时候会释放出放射线。因为受核电站事故的影响，"放射线是什么？"之类的话题出现的次数很多。但是，实际上每个人在学校里都学过。初中和高中的教科书中都介绍过α射线（阿尔法射线）、β射线（贝塔射线）和γ射线（伽马射线）吧。名字的由来，是20世纪初，人们还不知道放射线的真身的时候，为其临时冠以α、β、γ之类的名字。

现在，它们是什么物质都已经被探明了。α射线是氦的原子核。氦是仅次于最轻氢元素之后第二轻的元素。氢元素中间有1个质子。1个质子就是原子核，电子围绕在它周围转动。氦有2个质子，2个中子，合计有4个粒子，因此，氦的重量是4。因为它有2个质子，所以带有两个正电荷。为了抵消原子核里2个质子的正电荷，周围会围绕有2个电子。这个氦的原子核就是α射线。

实际上，可以用一张纸屏蔽α射线。只需举起一张纸就可以阻断飞过来的α射线。

使用放射性物质的暗杀案

曾经有人使用这种α射线进行暗杀活动。2006年，俄罗斯的亚历山大·利特维年科被前克格勃的暗杀手段所杀害，即让其吞食某种放射性物质而导致中毒身亡。

手法很简单。如果用口香糖的包装纸包住放射性物质的话，杀手就不会被辐射到。确实用一张纸就能完全防御。然后，在其饮料或者食物里混入α射线的放射性物质。即使只是少量，一旦让放射性物质进入身体内部，那就危险了。由于放射线事故最可怕的就是人体内的辐射。吸入肺中的东西，吃进身体已经被吸收的东西，已经再也无法除去。核电站事故发生后，曾有过不要让婴儿喝水之类的警告。一旦身体内部被辐射到，就危险了，所以一定不能喝被核辐射污染过的水。

体外的核辐射，即外部的核辐射，只要不是太强的，一定程度上是没问题的。如果外部核辐射的话，放射性物质黏附在身体上，冲洗掉就行了。这就是常说的核辐射清洗。对付放射性物质基本上就和对付花粉、细菌一样，用同样的方法洗洗就可以了。在大学的物理学课堂上，涉及辐射的时候，讲课的教授会强调"千万不要让放射性物质进入体内"。放射性物质和空气一起被吸入体内、喝入体内、吃入体内，这都是极其危险的。

一旦进入体内的话，放射性物质会在自身宗全崩溃之前持续地释放出放射线。负责处理核电站事故的东京电力公司的合作员工，被β射线烧伤了脚。那是由β射线引起的烧伤，因为是体外核辐射（当然还是不暴露在核辐射下最好），应该不需要担心体内被辐射到。最坏的情况下，移植皮肤就可以了。

另外，即使有伤口，也只要清洗干净就可以了，放射性物质不太可能会从伤口进入体内。切尔诺贝利核事故的时候，婴幼儿通过乳制品摄取了大量的碘131，从而引发了多起甲状腺癌的病例。如果孩子体内摄入放射性物质，身体内部会暴露在核辐射之下，就有可能会引发癌症，并在二三十岁的时候发病。这是非常可怕的状况。

究竟什么是β射线、γ射线

接下来让我们来解释下什么是β射线。β射线的真实身份是"电子"或"正电子"。这两者仅仅是符号不同。电荷的符号非正即负。电子的符号是负的，正电子是正的。要想屏蔽β射线，用一张纸是没用的，需要有几毫米厚度的铝。虽然铅等金属也可以用来屏蔽β射线，但考虑到重量，铝是最好的。

另一个是γ射线。简而言之，它是"强光"，能量远远大于我们通常所看到的光。当需要强调光是"粒子"时，它被称为"光子"。名称是根据一粒光所具有的能量大小而改变的。

其中，能力最强的是γ射线，稍弱一点的是X射线。就像这样，根据一粒光所携带的能量，名称逐渐发生变化，比如，可视光、然后是电波。电波仅仅只是波长的不同，电波也是光的一种。

波长和能量呈倒数关系。电波波长非常长，但波长越长，能量就越低，其中每一个单位光所持有的能量就越小。相反，像γ射线那样，随着波长变短，能量便会增加。

如果一个单位光的能量很大，那么破坏力也会随之增加。比如用于医用X射线摄影的X光能量很强，所以可以穿透人体。相比而言，可视光，比如伸手遮挡房间中灯光，光也不会从手中穿透过来，因为它的能量微弱，仅仅能停止在皮肤这一层。

然而，γ射线能量很强，能够进入到体内。因此，接受大量γ射线辐射是非常危险的。

最后，放射线中还包括中子。这是制造原子核的"配件"。中子是危险的，因为它可以与水发生反应。人体超过60％都是水分，所以一旦与中子接触，人体将受到严重损害。但是，由于中子基本上只在核反应堆中出现，所以我们也不必太害怕。

核电、火电、水电，哪一个死亡人数多

目前，许多人已经开始"反对核电"。发生了如此大的事故，反对也是自然的。但是，这并不是现在才开始的事情。虽然这仅仅是我个人的想法，但核电或许就是典型的"可怕的"科学技术。当然，作为唯一被原子弹轰炸过的国家，日本对核爆除了恐惧还有厌恶。日本对于核武器应该从地球上消失的主张，以及对其衍生技术核电的感情，我不认为两者完全没有关系。

我也有孩子，听到核事故之后自来水被污染的消息时，感觉确实是气不打一处来。

不过，核电虽然可怕，但我认为消除所有核电，最终使能源变得短缺也很可怕。切尔诺贝利事件的发生地乌克兰，在那之后废除了核电站。其结果发生了什么？由于能源短缺造成了政治动荡。被迫依靠来自邻国俄罗斯的天然气供应。所以有了后来俄罗斯停止向乌克兰供应天然气，

进行政治"威胁"的事情。

大家都在讲述着切尔诺贝利事故的危险，可是虽然最终核电是被消除了，却由此引发了另外的可怕事件。

因将地球视为一个"生命体"的"盖亚假说"而著名的詹姆斯·拉夫洛克（James E.lovelock）有一本书叫《盖亚的复仇》。其中有一些非常有趣的数字。

书中提到，为了制造兆瓦（一万亿瓦特）的能量，"将会有多少人死去"。从该书中可以看出，火力发电所使用的煤炭（现在使用更多的是液化天然气）所造成的伤亡，或者与水力发电造成的伤亡相比，事实上是核电死亡的人数少。换句话说，虽然我们印象中核能发电造成的死亡较多，但火力发电和水力发电的死亡人数更多。

火电厂，因为是化工厂，可能因为一个小规模的爆炸就会造成人员死亡。此外，煤矿开采事故发生也经常有人死亡。水力发电中会出现大坝决堤。和这些一比较，核能发电造成的伤亡反而是较少的。

当然，这种比较的前提条件是"每个单位发电量"，这一点不能忘记。

有人计算过由各种发电所造成的寿命缩短情况。有一本名为《无能为力的美国》（*America The*

Powerless, by Alan E.Waltar）的书中记载了关于吸烟和核能所造成的寿命缩短的比较数据。

　　究竟寿命会缩短多少呢？核能——那些"反对"核能的科学家组织的试算结果为两天时间。因为有核能的存在，我们普通人的寿命会缩短两天。"两天"这个数值取自现实中因为核能而死亡的人及暴露于核辐射的人的平均值。

　　此外，根据美国核监管局计算出的数值来看，不是两天，而是0.05天。一天为24小时，0.05天即"24×0.05"，约为1个小时的时间。不管是两天的时间，还是一个小时的时间，这都是一个比较意外的数字。

　　如果和一个吸烟的人结婚，那么由于二手烟等的原因会导致寿命缩短50天。另外，得了肺炎或者流感的话寿命缩短105天。

　　令人意外的是艾滋病。得了艾滋病的寿命会缩短55天。换句话说，在当前，如果发现得了艾滋病，由于可以通过服药等避免其发病恶化，相比肺炎和流感而言，与寿命相关的危险率反而更低。

　　然后，癌症会缩短247天寿命。这种情况下，已经是以年为单位了。心脏病会缩短1607天。两者都是来自美国方面的数据，和癌症相比，更危险的是心脏病。

我们因为核电会危及生命而感到可怕，但科学的数据告诉我们，其实烟草和心脏病才令人恐惧。当然，我们也很难因为这些数据就改变对核电感到恐惧的心理。究其根本，我们并不是因为通过推理及数据分析而感到恐惧，而是因为恐惧所以恐惧。

不结婚，寿命将会缩短？

有点偏离主题了，为了说明什么才是真正让人可怕的，在此再补充说明一下寿命是以何种方式缩短的。

如果一位男士是"未婚男性"，那么他的寿命会缩短3000天。一生未婚的男性，和已婚男性相比，会有3000天的寿命缩短。这里有健康层面和心理层面两方面的原因。顺便说一句，未婚女性的情况下，会缩短1600天，约为未婚男性的 半。

其次，过度饮酒将会缩短365天。大概就是一年的时间。车祸将会是207天。然后可怕的是贫困，据说会缩短3500天。换句话说，贫穷会导致过早死亡。此外，煤矿工的寿命会缩短1100天。从感觉上来讲，在煤矿工作的人们似乎身体会更不好，但是与之相比，仍然是贫穷更会让寿命缩短。还有，放射线工作人员、医疗相关工作人员、核电站工作人员寿命会缩短23天。

这样看上去，我们依稀印象的和实际情况还是不一样的。因为有这些统计数字，所以到现在为止，大多数的科学家并没有说过核能是可怕的。从概率上来讲，反而是火力发电之类所造成的死亡人数更多。

然而，有一个奇怪的现象，相比飞机事故和车祸事故，人们觉得可怕得多的是飞机事故。

可在现实中，如果比较车祸事故和飞机事故中死亡人数，可以说更危险的是几乎每天都在发生的交通事故。但是我们坐着汽车的时候，会觉得飞机更危险。坐飞机的时候，更多的人可能会有那么一点点担心"可能会坠机，可能会死亡"，但坐汽车的时候，很少人会有类似这样的担心。

人类对于一个一个单独死亡的现象不太能感知到危险，因为感觉不到恐惧。可是对于单独一次有可能会死亡好多人的事件则会非常害怕。大多数的人对火力发电并不感到恐惧的原因是即便总的死亡人数很多，但是每次事件并没有引发多人死亡。

实际的危险率即使很低，一旦脑海中浮想到会有大的灾害，人们就会变得恐惧。飞机一旦坠落会有数百人死亡的这种场景可以想象出来，所以人们会感到恐惧。而关于核电，并不是死亡人数的多少，而是放射性污染会大范围扩散，眼睛所看不到的辐射，以及因为信息缺乏所造成的未知等会将我们的恐惧放大。

　　总之，人类并不是由于将统计所得出的数字进行比较而感到恐惧，反而是由于无法用数字来比较而感到恐慌。这大概就表明理性与情感是人类心灵中对立的双方吧。

日本有108座活火山

世界上7%的活火山都在日本

火山喷发是最可怕的自然灾害之一。2011年，在日本，新燃岳火山喷发得到广泛报道。同时富士山何时会喷发的议论也开始升温。据日本气象厅称，目前日本有108座活火山。这108座活火山包括目前有喷发活动的和过去一万年间曾经喷发过的。

我们需要从两个角度来评估，长远来看会喷发的，以及短期之内会喷发的。其次，标准有两个，即现在和过去一万年。然后108这个数值，据说是全世界活火山的7%。

会有地震，会有海啸，火山也要喷发——日本真是一个自然灾害众多的国家。

活火山分为三个等级。最活跃的是A级，包括珠山、三宅岛、云仙普贤岳等13个地方。

其次为B级，包括藏王、富士山，以及包括新燃岳在内的雾岛山。B等级共有36个地方。

活跃程度较低的C级别有36个，包括八甲田山、八丈岛、阿布火山群等。

此外，日本还存在没有任何数据记录的火山。首先，伊豆群岛的海底火山没有数据，所以我们无从考证。对于海底火山来说，一方面我们不能潜入海底进行调查，另一方面也没有过去的记录留存。此外，北方领土的火山也缺乏数据。这些没有数据的火山有23个。

再次让人感到可怕的是新燃岳火山属于B级，它并不是A级。如果是"属于A级的活跃活火山喷发了"那么还尚可理解，但事实是"属于B级的火山也喷发了"。这样说来，并不能完全依靠所谓的活跃等级分类来看待活火山。反而是，如果是活火山，那么任何时候都有可能喷发，这样想比较妥当。

2004年浅间山火山喷发时，日本政府就意识到当时的监测系统不够充分，而如今在新燃岳火山喷发之后，才终于将铺设GPS系统等的监测体系完善。

日本是一个火山国家，但因为并没有将足够的资金花在解决对策上，所以没有对火山进行充分的监测。B级火山的喷发这一事实，如果日常监测足够充分的话，应该会出现"很快可能会爆发，需要将其活跃程度提升到A级"这样的讨论。可是事实上并没有。

更可怕的是，富士山同样属于B级。富士山的最后一次喷发是江户时代的1707年（宝永大喷发）。当时是将军纲吉统治时期，元禄文化盛行。据说在距离富士山100千米的江户地区也有火山灰的堆积。这次喷发的49天前（按目前的时间区分），发生了东海地震和南海地震联动的大地震。

即使在这次东日本大地震时，富士山正下方也发生了地震，当时大家都在紧张富士山是否会喷发。所以富士山任何时候发生喷发都不足为奇。

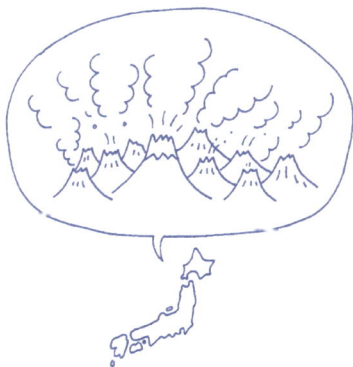

原因在棕榈树？不断减少的热带雨林

目前，热带雨林正在迅速减少。在印度尼西亚和马来西亚，出现了由于热带雨林减少而导致猩猩不能来往河岸的情况。

热带雨林不断减少的原因之一是由于棕榈树的种植。采伐热带雨林树木，然后种植棕榈树。也就是由于这些所谓的种植园（大型农场），热带雨林正在减少。

现在棕榈油是世界上使用最多的植物油。其85%的原产国都是印度尼西亚和马来西亚。在印度尼西亚，1990年的棕榈树种植面积为110万公顷，2002年达到500万公顷。据说其中70%是由对热带雨林的开发而种植的。此外，在马来西亚，则由1990年的170万公顷增加到2005年的400万公顷，占到马来西亚国土的12%。

我经常去马来西亚度假，在到达首都吉隆坡机场

（据说是由已故的日本人黑川纪章所设计）前，能看到一片棕榈树种植园。最初看到这片棕榈园的时候我还满心悠闲地觉得"太有热带风光的特色了，太美了"，但是在多看了几次之后，便开始对其过于"一致"而感到恐惧。看到广袤的地面完全覆盖着同一种植物，不禁会想"曾经这里生长着何种植物"，同时也意识到过度开发使我们丧失了更多。

究竟是什么原因导致棕榈树不断增加，热带雨林不断减少？这里有数据说明。

譬如说，由于我们每年使用棕榈油，结果就是日本人平均每人要消耗大约10平方米的热带雨林。10平方米，大概是3米乘3米的大小，我觉得我们有些使用过度。

顺便说一下，据说日本人最常用的油是菜籽油。菜籽油在日本人的饮食生活中比棕榈油更经常使用，当然对于天妇罗来说更是如此。然而，棕榈油不仅仅可以用于食用，还可用于制作肥皂等。认为实在没有必要牺牲热带雨林来做肥皂的也大有人在。

虽说如此，我们还需要考虑到这个国家的经济活动，比如仅仅是呼吁马来西亚"请停下来"和"请保留热带雨林"并不能解决问题，必须要有其他的代替案才行。

从整个地球规模的角度来考虑的话，热带雨林比种植园可以吸收更多的二氧化碳，因此在全球变暖的课题上热带雨林的减少仍是个问题。本来的热带雨林的土地是泥炭地。这种泥炭地是水浸土壤，死亡的植物以不腐烂（不会被分解）的状态作为有机物留存在土壤里。

当我在皮划艇的自然之旅中看到河里漂浮着"油"时，作为日本人的我以为"河水被污染了"，但导游解释说"这是有机物"。还记得那时我震惊于日本所谓的"美丽的河流"与热带雨林的"美丽的河流"姿态截然不同。而当热带雨林开发成为棕榈种植园时，储存在该土壤中的碳被释放到大气中最终加速了全球变暖。

我们漫不经心地吃一顿饭，或用肥皂洗一洗身体，热带雨林就在其中慢慢消失，濒危物种的动植物也因为热带雨林的减少而走投无路，这又加剧了全球气候变暖，这才是非常可怕的。

日本的水不够吗

人均年降水量约为沙特阿拉伯的一半

和能量殆尽一样令人害怕的是"水"。当水耗尽时，我们真的无能为力。

日本给人的印象是有充足的水。东日本大地震之后立刻出现了瓶装水售罄的现象，但因为有自来水，所以我一直没有太多的担忧。

然而，有一些非常有趣的数据显示事实并非如此。国民人均降水量，也就是当我们计算降水量时，结果是日本的降水量约为沙特阿拉伯的一半。你能相信吗？这似乎是一个谎言，但它确实是科学数据。

日本人均年降水量为5114立方米，沙特阿拉伯为9949立方米。日本的人均年降水量是世界平均水平的三分之一。换句话说，日本人人均持水量并不多。

日本降水量不少，但人口也多。沙特阿拉伯降水量较少，但人口也少。顺便说一句，新加坡的人均降水量最小。新加坡与日本和沙特阿拉伯相比，数值少了一位数。

新加坡水资源不足。这是由于受到其为城市国家的影响。拥有大坝等可以蓄水的国土才可以谈到有水喝。但新加坡是人口密度世界第二大的城市国家，非城市部分的国土非常狭小。这样一来，新加坡只能买水。新加坡主要从邻国马来西亚购水，但在2010年续约时，水价迅速上涨至100倍。这简直是被抓住了软肋。

如果马来西亚对新加坡说"决定不把水卖给你"，那么新加坡将走投无路。这是涉及"水的安全保障"的大问题。

一个国家，必须始终保持能源、水和食物在一定程度上的自我确保。日本也同样，与食物自给率一样，水的自给率和能量的自给率也是需要我们意识到的地方。

◆ 世界各国降水量

国名	人口 （万人）	面积 （千km²）	年降水量 （mm/年）	年降水总量 （km³/年）	人均年降 水总量 （m³/年·人）	人均水资源量 （m³/年·人）
加拿大	3115	9971	522	5205	167100	87970
澳大利亚	1889	7741	460	3561	188550	18638
美国	27836	9364	760	7116	25565	8838
世界	605505	135641	973	131979	21796	7044
日本	12693	378	1718	649	5114	3337
法国	5908	552	750	414	7001	3047
中国	127756	9597	660	6334	4958	2201
印度	101366	3288	1170	3846	3795	1244
沙特阿拉伯	2161	2150	100	215	9949	111
埃及	6847	1001	65	65	951	34

注：
1.日本的降水量是从昭和四十六年（1971年）至平成十二年（2000年）的平均值。世界以及各国降水量出自1977年召开的联合国水资源会议的相关资料。
2.日本的人口数据出自平成十二年（2000年）的国势调查。世界人口数据出自United Nations World Population Prospects, The 1998 Revision 的2000年推算值。
3.日本的水资源量使用的数据是水资源赋存量（4,235亿m³/年）
世界及各国的水资源量出自World Resources 2000-2001（World Resources Institute）中的水资源量（Annual Internal Renewable Water Resources）

参考：http://www.mlit.go.jp/tochimizushigen/mizsei/junkan/index-4/11/11-1.html

地球上可以饮用的水有多少

对不起，突然说到日本的水量这个话题可能吓到你了。当然，与新加坡不同，现在的日本有足够的水用来饮用。所以不必担心，让我们来考虑下地球上可以饮用的水有多少。

地球上的水有14亿立方千米。14亿立方千米，即边长1千米的立方体有14亿个。这是一个巨大的数字，但其高达97.5%的水都是海水。而且，在包括冰在内的地球上存在的水中，可饮用的淡水仅为0.01%。仅仅有14亿立方千米中的35万立方千米。虽然地球被称作是一个水行星，但大部分都是咸海水，实际上的淡水量少得惊人。

这里有一个重要的概念，是虚拟水的概念，指的是间接使用的水。目前日本的食品有60%是从海外进口的。比如说，我们在进口玉米。但是，没有水就不能种植玉米。换句话说，我们在进口玉米的时刻就在间接使用水。这，就是虚拟水。

假设生产玉米的国家发生干旱，没有水可以使用。如此一来玉米将无法收获。因此，不仅要考虑来自日本的水，还要考虑包括虚拟水在内的"世界之水"，这种观点是很有必要的。不可以认为因为日本有水，所以就安全。

如果全球水资源短缺，"食物"将不会进入日本。由于日本的粮食自给率为10%，那时候将变成一个非常令人不安的状况。

基于日本在何种程度上依赖于海外虚拟水的考虑，防止全球荒漠化蔓延的国际贡献也是非常必要的，因为缺水终将不再仅仅是别人的事情。

你能想象得到日本人因为世界缺水而"饥饿"的情况吗？可能会很难。尽管经济持续低迷，但现在日本仍然是一个"饱食"的国家。餐桌或餐馆里像山一样的残羹剩饭不都是被扔掉了吗？

也许，真正可怕的是，日本人甚至可能完全无法想象，在将来的数十年之后有可能会出现全球水资源短缺及由此派生的粮食短缺。我们经常会听到"和平痴呆"这个词，对于无法感知危机正在逼近的日本来说，是否还有未来可言？

超巨型海啸的可能性

最大的海啸有多大

我从东京大学地震研究所的田中博之先生那里听到了一个可怕的故事。我们在本书中讨论过地球上最大的地震，那么最大的海啸有多大？

当然，除了巨型陨石飞出太空的世界末日之外，目前（相对而言）平和状态的全球环境中，可预计的最大海啸是多少米？

读者可能会惊讶至极，难以相信。有人指出，高度为1000米的超巨型海啸有发生的可能性。人们在位于非洲西北海域的加那利群岛的拉帕尔马岛的三分之一处发现了一个倾斜的断层，由于火山喷发而引发巨大的地面落入大海，就像一个孩子一下子跳进了浴缸一样，海平面因此异常上升。

1000米是一个难以想象的高度。这将是一个比634米的东京天空树[1]高得多的海啸。东日本大地震中由于10米高的海啸引发了近2万人死亡和失踪，1000米高的海啸究竟意味着什么，应该可以明了吧。

可能有点过于吓到大家了。

所谓的高度1000米，指的是火山喷发周围的海域，海啸在从该海域向整个地球蔓延的过程中，高度将逐渐降低，到达纽约附近时据说会下降到10米左右。此外，1000米的高度指的是大部分土块同时崩落到海里的情况下的高度数值。事实上比这个高度低得多的海啸发生的可能性会比较大，所以也不用过度担心。

田中先生是使用名为μ介子的基本粒子进行火山内部透视研究的第一人。是一位我们希望能对拉帕尔马岛断层状况及火山喷发迹象等进行事先推断的大人物。据说可以通过人为破坏一部分土层或是反向加固一部分，来根除巨

---

[1]　东京天空树又译东京晴空塔，其高度为634米，于2011年11月17日获得吉尼斯世界纪录认证为"世界第一高塔"，已成为东京的象征之一。（译者注）

大海啸的"萌芽"，但如此大规模的土建工程是否可以实现就不得而知了。

　　总之，我们忍不住会惊讶，导致人类灭亡的危险就潜伏在大多数我们所没有注意到的地方。或许，不知道的，才是最可怕的。

Part 5

关于科学家的"可怕"故事

恐怖科学家的系谱

原子弹和氢弹

科学家，不是经常被世人认为是"可怕"的存在吗？尤其是物理学家，因为发明了原子弹和氢弹，所以留给世人的一直是一个恐怖的形象。

例如，爱因斯坦推导出了"$E=mc^2$"的方程式。这是原子弹核爆的原理，同时也是原子能发电的原理，更是恒星能发光的原理。

如果没有"$E=mc^2$"的方程式，物理学家或许就不会考虑从核裂变中提取能量吧。直到有了方程式作为原埋，才明白要如何提取能量。

让我来解释一下如何提取原子弹的能量。原子核分裂的时候，中子不断地增加。裂变首先产生两个中子。中子各自撞上铀，核裂变就再次发生，然后再产生四个中子。通过这种方式，随着一次次核裂变，中子的数量也变成了2、4、8、16，总之就是成倍增加。这是一种连锁反应。能量会连锁性地增加，如果它无法控制的话，就会发生巨大的爆炸，这就形成核爆。

还有一个叫作核聚变。是用与核裂变相反的方式提取能量的机制。人类现在正在努力建立核聚变反应堆。在核聚变反应堆中将小小的氢元素和氘元素融合。当小核融合成大核时，能量也会释放出来。在太阳和其他恒星内部，正发生着类似的核聚变反应。太阳最多的能源是氢，通过氢元素的相互融合，成为更重的原子核。那个时候，能量就会被释放出来。并且，当氢燃烧竭尽时，接下来就会开始燃烧氦。即逐渐燃烧具有更重原子核的元素。

当开始燃烧氦的时候，就会处于无法控制的"氦闪光"状态，甚至有时恒星会发生爆炸。也会有将元素融合并一点一点消耗能源的状况发生。在那种情况下，最后连碳等元素也会被燃烧掉，形成铁。变成铁的话，将不能再作为燃料使用。铁是能量最低的稳定性元素，因此不能再融合。

在宇宙中最初形成的恒星（第一恒星）燃料同样也是

只有氢。当它耗尽能量时，就引发了超新星爆炸。所谓的超新星爆炸指的是，质量超过太阳30倍的第一颗恒星耗尽了其燃料。当内部已经不会再出现任何能量时，会因自身的重力而收缩以致爆炸。由于超新星爆炸，恒星中的各种元素也散射到宇宙中，然后这些元素再次聚集在一起形成另一颗恒星。这样一来，第2代、第3代恒星也就会含有重一些的元素。

太阳再过50亿年就会燃尽所有能量吧。也就是说，核聚变会结束。然而，由于太阳的质量不够重，因此不足以引起超新星爆炸，所以它只会不断变得大，最终变成一颗红色的巨星。

那样的话，水星和金星将被吞噬，但在此过程中各种物质将会出现在周围，太阳将变轻，因此轨道也将会扩散，地球和火星虽因距离较远不会进入被完全烧毁的区域。但是，地球的地表将会达到灼热地狱般的高温。

那么，让我们回到核聚变的话题上来吧。

核聚变的原理也是"$E=mc^2$"。并且，氢弹实际上是"核聚变炸弹"。由于加入了原子弹及核聚变的系统，所以释放出来的能量也是非常巨大的。

就像这样，物理学家着手研究的东西，像原子弹、氢弹等，具有普通人无法理解的，并且人类所无法承受的，甚至能够破坏地球的威力。

物理学家的形象就像很久以前的炼金术士一样。躲在实验室里，咕嘟咕嘟地煮着烧瓶里奇怪的液体。或者，他们想要通过实验来造出人类和金钱，所以给人一种在使用魔术的印象。

我想，就是这些原因导致了人们对物理学家的恐惧。毕竟，他们是知道如何提取足够的能量来破坏整个城市的那类人。另外，我认为从文科生角度来看，通过使用数字和专业术语来操纵他们完全无法用语言理解的东西，也是很可怕的。

科学家是否缺乏常识

另一个重要的事情是，物理学家中"也"有一些没有社会规范或常识的人。因为他们非常优秀，一直都活在学校的封闭世界里。也就是说，没有去过现实的社会中。当然，也有人在进入公司任职工程师等职业之后又回归大学的。那些人经历过作为社会人的锻造，他们的个性会变得圆滑（当然也有不会变的情况）。

但是，有许多学者并没有经历过作为社会人的锻造。他们从出生以来，幼儿园以后就一直生活在学校里。从普通人的意识来看，一辈子都在学校，是件相当奇怪的事情。

简而言之，他们不食人间烟火，所以经常会在战争时代被世俗之人巧妙利用。比如美国曼哈顿计划中发明原子弹的物理学家们。他们中的大多数人并没有想到他们制造的原子弹会被用于人类自己。

参与曼哈顿计划的物理学家间接地杀死了数十万人，这是他们事先没有想到的。作为个人，他们应该是珍惜家庭的人道主义者，但是他们不知道他们的研究给现实社会带来多大影响，最终制造出了大规模杀伤性武器。

如果事先被告知"你们所研发的炸弹会被投到日本"，那么拒绝参与的物理学家应该有很多吧。然而，政治家和军人所谓的"仅仅是通过该实验结果来震慑敌国，以引导战争结束"，轻而易举地就将他们欺骗了。

被曼哈顿计划所利用的科学家

大卫·博姆（David Bohm）是参与原子弹研发项目

"曼哈顿计划"的物理学家之一。该物理学家是一位被迫参与该计划的悲剧物理学家。他是致力于原子弹和氢弹研发的名为奥本海默（Oppenheimer）的极著名物理学家的弟子。

大卫·博姆在大学时期是一位社会主义和共产主义活跃分子。因为策划学生运动，被认为思想有问题，最初并没能参与到"曼哈顿计划"。

然而，在大卫·博姆的物理论文中，包含了关于"曼哈顿计划"绝对必要的成果。因此，大卫·博姆被强迫参与进"曼哈顿计划"。然而，悲剧的是，他的博士论文成为绝密，被转用到军事上并被视为国家机密。自己的研究成果不可以被公开，作为一名研究人员，这是很痛苦的。

之后，第二次世界大战结束，"冷战"开始。在1949年的美国，麦卡锡主义，也就是迫害共产主义人士和自由主义人士的——所谓"红色恐慌"盛行。大卫·博姆因为曾经的学生运动而被怀疑，他被传唤至反美行动委员会。

当时，大卫·博姆行使了保持沉默的权利。结果，他于1950年被捕。虽然于1951年11月被无罪释放，但由于这一事件，普林斯顿大学助理教授一职被解任。不由觉得，这似乎与被异端审问的伽利略有点相似。

惜才的爱因斯坦与普林斯顿大学进行协商，是否可以在普林斯顿大学将大卫·博姆作为助手雇用，但当时大学方面并没有同意，于是大卫·博姆失业。他不得不搬到巴西的圣保罗大学。"红色恐慌时期"的社会状况，于现在很难理解，但在当时就像中世纪的政治迫害一样，一旦被打上烙印，就不能再在公立大学任职。

大卫·博姆从美国前往巴西时被没收了护照。简而言之，这意味着你不要再回来了，那便是事实上的流放国外。

那之后，大卫·博姆搬到了以色列，然后结婚，后来就读于英国的布里斯托尔大学，进行一项革命性的"阿哈罗诺夫—玻姆效应"（Aharonov-Bohm effect）的量子理论研究。这是一项可以与诺贝尔奖匹敌的成就，可能受到了其政治标签的影响，最终并没有获奖。

晚年时期的大卫·博姆开始批判科学技术。科技被用于和平，也被用于破坏。他说，困扰源于人类的"思考"，即人类会思考，思考本身是原罪。那些不会像人类一样通过语言来思考的动物则不会制造杀伤性武器。这就是一位命途多舛的物理学家最终所到达的境地——和平运动。

原子弹打开了潘多拉的盒子

爱因斯坦也在晚年致力于和平运动。他不仅是公式"$E=mc^2$"的发现者，还曾在给罗斯福总统的信中署名。

这封信的内容是关于纳粹德国即将研发原子弹，"如果美国袖手旁观，纳粹将统治世界，美国应该研发原子弹"。虽然并不是仅凭这封信罗斯福总统就签发了研发原子弹的决定，但不得不说极具影响力的爱因斯坦署名的信，还是意义重大的。

爱因斯坦是犹太人，他于1933年离开德国。当时纳粹德国已经崛起并危及其生命，爱因斯坦不得不辞去柏林大学教授一职流亡到美国。因为有过这样的过去，所以他深深地感到纳粹的强大威胁。

尽管有当时那样的背景为理由，但从结果来看，当时的署名或许就决定了广岛和长崎死去的数十万人的命运。战争结束后，爱因斯坦与哲学家罗素（Russell）发表共同宣言，开始了和平运动。

原子弹所打开的潘多拉的盒子非常之大，大到实际制造它的物理学家也对自己所做的事情胆战心惊。作为个人来说，本来是一个好父亲、好丈夫的人所进行的研究，结果却导致了悲剧。

可遗憾的是，这样的教训并没有被后世所吸取。后来，氢弹在"冷战"期间被研发出来，目前全世界有惊人数量的导弹，以及有可以多次摧毁地球但仍有剩余的多种核武器。

人类被焦虑感驱使——美国担心被苏联摧毁，而苏联又担心被美国摧毁，这样的恐惧感驱使着人类不断动员物理学家继续制造比原子弹更具破坏力的武器。

斯大林和悲剧的科学家

我们再来看另一个例子。有关俄罗斯著名物理学家朗道的案例。这是科学家为什么会参与到武器制造当中的一个例子。

列夫·达维多维奇·朗道（Lev Davidovich Lan-dau）。他曾获得1962年诺贝尔物理学奖。在科学界，他是著名的"物理学教程"教科书的作者。

他于1938年与同事一起被捕。原因是制作了批评当时统治苏联的斯大林的宣传册。虽然不是主犯，但他和几位同事一起申诉"苏联在独裁统治下正走向错误的方向"。

在那时的苏联，这是一个会被拘留，甚至一不小心就会成为死刑的危险行为。

朗道出生于1908年，当时他大约30岁，是一位刚刚崭露头角的物理学家。时任研究所所长的卡皮察（Kapitsa Petr Leonidovich）是一位有政治力量的人物，他十分欣赏朗道的才华，经过其巧妙周旋，朗道在一年的时间内被释放。

基于上述经历，朗道于20世纪40年代至20世纪50年代参与了苏联原子弹和氢弹的研发项目。虽然并非他本人意愿，但他有过被捕经历并始终被当局盯着，所以如果他拒绝，那么就很有可能会被枪杀。无奈之下，朗道接受了这项工作。

结果，由朗道所设计的计算机数值计算可以准确估算氢弹爆炸的威力，为氢弹的研发做出了巨大贡献。他在1949年和1953年两次获得"斯大林奖"，并于1954年获得"社会主义劳动英雄"的称号。

这在当时的苏联时代，是至高的荣誉，就像在日本获得勋一等（日本国之一类勋章）一样。因此，本该因为叛国罪而可能被判死刑的朗道，由于为氢弹研发做出的贡献一举成了苏联人的英雄。这其实的确有点讽刺。

在权力面前，一位科学家确实是很弱势的，这是毫无办法的事实。如果生命都没有了，那就什么都没有了。如果家人的安危受到威胁，大多数人都将无法反抗。如果有可能的话，也许可以像大卫·博姆那样选择流亡，但对于朗道来说，他连流亡的机会都不曾有过。

后来朗道因车祸头部严重受伤，于1968年在莫斯科逝世。

这样一来，都不知道是该说物理学家恐怖，还是该说国家政权恐怖了。

那么，说到伽利略为什么会被审判，最直接的原因是出版《天文对话》并主张"地动说"。但是，伽利略并没有亵渎上帝，也没有否认上帝。在当时，一旦主张无神论，那将必死无疑。

伽利略审判的真相

伽利略审判进行了两次

（时间顺序为倒叙）首先让我们来看第二次审判。

在第二次审判中被定罪的伽利略，已经不再可以谈论哥白尼日心说（地动说）了，因为他被软禁起来了。说是软禁，但其实也仅仅是被关在伽利略的贵族朋友家里。只是需要有种形式上的惩罚。

究其原因，虽说有其传播了哥白尼理论的原因，但实际上是由于神圣罗马帝国和罗马教皇之间的冲突。伽利略的赞助人托斯卡纳大公国，是属于神圣罗马帝国的一个分支，与当时的罗马教皇关系微妙。在这种政治背景下，罗马教廷对年老的伽利略进行了以儆效尤式的审判。

教皇当时是伽利略的密友，所以伽利略本人一定认为教皇会在紧急情况下帮助他。这也是伽利略失策的地方。

然而，虽然作为朋友的教皇没有帮助伽利略，但伽利略也并没有被判处死刑，而是被允许待在贵族友人的家里，后来还允许他回自己的庄园。

沸沸扬扬的审判结果是非常轻微的处分，那其实仅仅是对于托斯卡纳大公国的一种杀鸡儆猴。这场审判并不存在后人所谓的诸如宗教和科学的斗争。

并不存在科学与宗教之间的对抗

在第二次审判中，被判有罪的决定因素是因为伽利略违反了"不再谈论哥白尼论"的第一次审判的宣誓书。那个宣誓书现在还保留在罗马教廷。只是，奇怪的是，宣誓书上并没有伽利略的签名。

关于伽利略审判有各种各样的说法，不过在研究者当中，也有人认为"根本就没有第一次审判"。

这种说法认为，所谓的第二次审判的时候，因为很多利益相关人员都去世了，所以就捏造了一些实际上不存在的事实。

还有一种说法是"虽然在形式上有第一次审判，但并没有要求伽利略署名"。也就是说，为了使诉讼方能够接受判决结果，而宣称"伽利略在宣誓书上签了字"。第一次审判的审判长，是贝拉尔米诺枢机主教（Francesco Romulo Roberto Bellarmino），伽利略的好朋友。因此，当时的情节很有可能是，"某位教会相关人员因为嫉妒你而向异端审判所申诉。我是异端审判所的所长，所以不得不接受申诉，但我会宣称你已经签了名，请相信我会妥善处理好的。"

因为伽利略是精于世故的人，他能意识到有反对派的威胁。他拜托异端审判所所长贝拉尔米诺枢机主教写了一笔"伽利略没有被问罪"，并将其保存了下来。

但是，尽管提交了贝拉尔米诺枢机主教的记录书作为第二次审判的证据，那封记录也没有作为证据被采用，而是采用了第一次审判时的伽利略没有签名的宣誓书。也就是说，第二次审判从一开始就已经有定论，虽然仅仅是形式上的，但应该是在那时候就已经决定要惩罚伽利略了。

第一次审判后，哥白尼的《天体运行论》（*On the Revolutions of the Heavenly Spheres*, by Nicolaus Copernicus）一书进入了禁书目录。但是略加修正，把原

来断定的地方改为类似"有该种能性"一样的内容，其再出版仍然获批。

"当时的教会拼了命地试图封存'地动说'之类"的传言，事实上完全不存在。也就是说，后世所说的"科学的真理"对决"顽固的宗教"这样的关系，原本就没有存在过。

在学校学到的是谎言科学史？

简而言之，一位叫伽利略的科学家，由于太过于接近权力而在晚年被卷进了纷争，也就仅此而已。

实际上真正可怕的不是罗马教会，而是我们正在学习的谎言的科学史。而这些内容会在伟人传记中流传的原因，说起来与18世纪以来的法国启蒙运动和法国大革命有关。

"天主教信仰及绝对王政等古老体制已需废除，全部都要重新建立。今后要相信科学发展人类"的进步主义由法国大革命催生。进步主义是一种重视人类的思维方式，这种方式到现在为止仍然在持续。

当我们以这样的视点回顾过去的时候，据说过去好像有一个与宗教斗争过的科学家吧。

"哦，哥白尼似乎受到了迫害。"

"伽利略也是。"

然后就这样，他们被视为为了科学而殉职的人。再重复一次，在18世纪以前并没有（在现代意义上的）科学这个概念。可以说，我们都学着所谓的谎言科学史。科学史的专家非常少，在大学理学部和工学部的专业中，科学史也不是必修的。因此，大部分科学家和工程师其实并不了解他们领域的真正历史。我想，科学家都不知道自己领域的历史，这也是一件可怕的事……

番外篇

武器、模拟科学等

天上掉下铁锤

美国正在开发的新武器

网络论坛中由美军开发的"上帝之杖"的太空武器成为话题。信息源是一篇"美军拟部署空天母舰可摧毁中国各类军事目标"的网络文章。从网站上看，确实有"上帝之杖"的新闻。总结内容之后，大概是这样：

美国开发的"上帝之杖"计划是将直径30厘米、长约6米、重100千克的金属棒，从在高达1000千米的宇宙空间中漂浮着的发射台"扔"向地面。金属棒搭载了小型推进火箭，材质为钛或铀。通过卫星的引导，可以瞄准地球的所有地方。

由于金属棒的落下速度将是超过1万千米的时速，它具有与核武器相当的破坏力。此外，因为它是一根"棒"

而不是炸弹，所以可以深入地下并摧毁地下数百米的军事设施。它的命中率也很高，很难像导弹一样被拦截，也不会发射无线电波，所以被认为是一种在事实上几乎不可能进行防御的武器。

到目前为止，能想象到可以从空中降下的东西，比如导弹，或者充其量是激光武器之类的。可以瞄准地球上的任何地方，甚至连地下数百米的目标都能破坏的话，与其说是"上帝"之杖，不如将其命名为"恶魔"之杖反而显得更为恰当吧。

上帝之杖的想法，据说是科幻小说家杰里·帕内尔（Jerry Eugene Pournelle）20世纪50年代在波音公司工作期间想到的。此后，在2003年，美国空军的报告书中有了详细的规格刊载，从那时起，该想法开始带有现实色彩。不知是否因为媒体察觉到它已经进入实用阶段，所以进行了此次的报道。不过，究其根本，这个想法说到底只是科幻级别的话题，想要实现还有很多难题需要解决吧。

因推特而被强制遣返

说起美国的军事"武器"，在2012年初，发生了这样一件事。有一对英国情侣在推特（twitter）上发布了一条关于美国的推文，结果导致其不能进入美国而被强制遣返。其推文直译过来是"我要摧毁美国"。但其原文"摧毁"（destroy）一词，是英国的年轻人用语，据说意思是"华丽地玩"。结果根据字面意思来理解的美国当局就开始神经质地对普通旅行者进行调查，并最终拒绝其入境，这才是事实的真相。

但是，这件事情不能仅仅以"愚蠢的年轻人的推文"来做结论。因为，还留存有一个疑问便是"为什么美国当局会知道平淡无奇的一介英国市民的推文呢"？

据说，存在着一个名为Echelon的全球规模的互联网监听网，由美国和一部分同盟国（比如英国和澳大利亚等）共同操纵。众所周知的是，这样的监听网是否真的存在，完全没有任何正式的信息。

英国的年轻人兴奋地发了条推文，然后美国当局是不是通过Echelon察觉信息，然后在机场实施抓捕的呢？还是说用其他的某种方式确定了该年轻人是"有恐怖主义可能性的人物"呢？

　　如果日常会话都被某处的军事组织监听，而且头顶也时刻被"上帝之杖"瞄准着，这就远不仅仅是可怕而言了。更甚的是，连知道真相的方法都根本不存在……

在《天使与恶魔》中出现的反物质炸弹

具有惊人威力的炸弹

有一部叫《天使与恶魔》（丹·布朗著，他也是《达·芬奇密码》的作者）（*Angels & Demons*，by Dan Brown）的大受欢迎的电影和同名小说。那部作品里出现了反物质炸弹。所谓"反物质"，就是物质和电荷相反的东西。例如，电子的电荷是负的，相对地，带有正电荷的电子叫作正电子。或者说叫"反电子"也许更容易理解它的意思。同样，质子的反面叫"反质子"。

物质和反物质发生碰撞时双方都会消失，大部分会变成光，残余会成为能源并发生爆炸，所以可以用来制造炸弹。

假设我拥有反物质块，将其放入玻璃杯中并保持真空，打破真空玻璃，则物质发生反应并会爆炸。

炸弹的威力与其质量成正比。根据公式"$E=mc^2$"，能量是"重量×c的平方"，与重量成正比。"c"是光速，用千米为单位表示的话是每秒30万千米，以米为单位的话即每秒3亿米。因为将其进行平方，所以系数会非常大。其结果算出来的能量将是没有位数的。

如前所述，核聚变和核裂变也使用公式"$E=mc^2$"。在核聚变和核裂变之前及之后重量都会减少，减少部分作为能量会被释放出来。在这种情况下，并非所有重量都会消失，消失的只是其中一部分。

然而，在反物质的情况下，当与物质发生碰撞时，所有重量都会消失，因此它将产生巨大的能量。正负相加则为零。同样，如果粒子和反粒子发生碰撞，重量也将成为零。但是，这种情况并不仅仅是重量变成零，而是一切都将转化为能量。

像《天使与恶魔》中描述的那样，反物质作为炸弹来使用是存在可能性的，但是这些东西不通过大规模的国际合作和国家计划来制造的话，估计是不可能实现的。这样一来，恐怖分子去大型实验室"窃取"的情况很有可能发生。所以，反物质的管理必须要比放射性物质的管理更为严格才对。

血型性格判断的谎言

喜欢血型性格判断的日本人

有许多人会相信血型占卜和性格判断吧。在日本、韩国，还有其他的很多地方，血型性格判断理所当然地被相信。但在美国和欧洲，（几乎）没有根据血型来判断性格的。至于有无科学依据，可以断定基本没有。

决定血型的是表面蛋白质。奥地利的卡尔·兰特斯坦纳（Karl Landsteiner）博士由于发现了ABO型血型，获得了1930年度的诺贝尔生理学或医学奖。血型是一个真真正正的科学的概念。脑的"回路"会对性格产生影响，但为什么红血球表面的蛋白质会与影响人格的大脑"回路"有关？这有点让人不可理解。

在没有科学依据的前提下，把血型占卜当作一种游戏来看也无妨。但是如果血型占卜导致社会歧视，那则是极其可怕的事情，是绝不可以有的。据说在日本，有的公司会在你进公司之前询问血型。如果是B型，会被认为"没有协作性"，则会被拒绝录用。不，这不是一个笑话，非科学的迷信被用于社会歧视，真的很可怕。因为，这将会改变许多人的命运。

只是，相信的人有很多，即使告诉他"并不存在由血型造成的性格差异"也往往容易得到一种答复"根据我的经验我认为确实有"。

我以为，这是由于他们在将这些带有偏颇的信息，努力试图让自己相信。它与早晨电视台播出的"今日运势"或者"巨蟹座的你是……"相同，也是占星术的一种。

以开普勒定律而闻名的德国天文学家开普勒以出售他的预言日历谋生。这就像是运势占卜。现在仍然有根据出生月日来决定运势的书，而且还很畅销。这种状况自开普勒的那个时代以来，就没有什么变化。在16、17世纪，科学、占星术、炼金术等全部浑然为一体，自然哲学家和占星术师，同时做着像天文学一样的研究。可是在现代社会中仍然有同样的事情，我认为这确实有点问题。

"科学绝对正确"也很可怕

此处似乎难以用对错来断言。在现代，没有科学根据的血型性格判断和占星术频繁地在电视上播出。但是，科学家是否应该说"那是不科学的，请停止播放"，却是一个非常难以回答的问题。之所以这么说，是因为如果认为应该说，那将变成科学至上主义。宗教至上主义不好，科学至上主义也同样可怕。如果没有日本最高学术机关学士院的许可，这样的信息就不能被播放，或者不能被刊登在杂志上，那将是过分的审核。

尽管现在仍然有一些国家，有其伟大的宗教领袖，他们对电视和报纸进行审查好像也理所当然一样。另外，还有一些国家则由政府控制媒体。

但从自由主义、民主主义的角度来看，这样的审查显然是不健全的。所以我认为，在电视上播放进行血型性格判断的信息也是可以的。但是，希望可以附加"没有科学根据"的注释。

表达的自由性有时和科学的正确性不能相容。但即使不相容，也有表达的自由。否则，这将是一个非常可怕的社会。所谓的科学上正确，不过是特定时代特定国家的科学家们认为是正确的。

譬如牛顿的时代，牛顿的方程式被认为可以预言所有。但牛顿之后的量子力学被发现以后，人们意识到，自然界中存在着牛顿力学计算所不能涵盖的部分（即不确定性，无论如何也无法知道的极限）。

另外，本书也提到了，科学有时也会产生像脑叶白质切除术那样的悲剧，所以不要盲目迷信科学。同时我们还必须防止人类因非科学的事物变得不幸。并且我们可以自由地讲述这些事情，可以享受言论的自由也是很重要的。

科学本身所具有的本质上的可怕之处，在于"将只有'科学正确'变成绝对标准"。如果科学能够决定一切的话，那当然是件可怕的事情。

相信伪科学是很危险的

要怀疑听起来似乎很科学的话

有很多词语听起来是科学术语，但其实也许根本和科学无关。

比如，我们经常听到"波动"这个词。虽然有"波动会使身体变好"等各种各样的说法，但是当问到"波动是什么"时，很多人都无法回答。从科学上讲，波动是一种单纯的波浪现象。海浪，空气的振动，或电磁波，这些都是波动。只是这些与一般流传的"波动的能量可以使身体变好"之类的，完全没有关系。

在量子力学中也有波动。所有物体都由量子组成。量子既像波浪又像粒子。然而，量子力学中完全没有任何与人类健康相关的内容。只是一般人听到"波动"这个词，总会有一种似乎与科学相关的印象，所以往往容易被相信。

科学用词非常严谨。波动必有能量产生，但并没有发现其与人体有关。

"Free Energy"[1]一词也一样。有些人主张存在可以无穷尽取出的能量。"Free Energy"中的"free"意味着"自由"，但如果说它与"自由能"意思相同，那就完全错了。

"自由能"是一个明确的物理、化学术语。在化学中，有各种各样的自由能。一旦确定了压力和温度等条件，就可以确定在该框架内可以自由用于工作的能量。这是科学上所讲的自由能。并不是说在哪里可以有取之不尽用之不竭的能源。

此外，还有真空能量。真空不是指什么都没有的状态。在物理学上，基本粒子瞬间产生，瞬间消失，这被称为生成和消亡。换一个词来说，它也叫"零点能"。指的

---

[1] Free Energy 一词直译过来为"自由的能量"，为了与物理、化学术语的"自由能"区别开来，所以此处采用英文原词，不做翻译处理，下同。（译者注）

是在本来应该完全没有能量的最低能量状态下，仍然有一些什么东西存在。问题是零点能量（真空能量）并不能取出来使用。至今为止，还没有在这方面成功的科学家。

然而，在一些物理学家中，有人认为总有一天这种真空能可以被使用。不过，这也只是一个假设。

那些说"因为是free energy，所以可以无穷尽地取出"的人们，说不定打算凭着这样单纯的假设来做生意。希望大家不要被误导。

这与科学无关

另外，还有一种能量能够使整个宇宙膨胀，被称为暗能量（Dark Energy）。它也是真空能量，由真空本身所存在的能量使空间膨胀，这是爱因斯坦发现的，至今仍然未被真正识别，也没有人能成功地提取出该能量。

由于该能量能够使整个宇宙膨胀，这会是巨大的能量，而其形态既不清楚，也无法被检测出来，所以该能量无法被提取出来使用。

这样的比较模糊的概念的总称，被称为Free Energy。

由于教科书中所写的科学故事仅仅只是其中的一部分，所以一般我们都会认为还有很多我们所不知道的事实。结果就是，科学和伪科学变得很难区别。

而且，也很少有书会解说"这不是真正的科学"。即便有这样的书，也鲜有读者去阅读。相对而言，还是那种"由于自由能量……"和"波动是……"的书会比较好卖。

我觉得，有人出那样的书也是可以的。虽然骗人是不好的，但如果由于知道"波动会使身体变好"，然后你的心情就变得更好，那也没有必要根除这些书。但是，如果因此而赚了很多钱，那这便成为一个很明显的欺诈行为，必须受到法律的制裁。另外，即使仅仅是写书，也必须明确说明"这与科学无关"。

后记

读了本书校样的妻子透露了一些她的感想，"有可怕的，也有不可怕的"。确实，"恐怖感"是一种很主观的情感。妻子给出了一个例子，"在中国，在一个半身麻痹的女性大脑中发现了长23厘米的寄生虫"，她觉得这样的新闻很可怕。寄生虫（线虫）为了使自己"住"得舒服，会把周围变成肉瘤（总之就是给自己做了个睡觉的"床"）。

另外，我在推特上征集了恐怖科学的例子，然后收到了"用克隆的自己进行人体实验""iPS细胞的研究""基因重组""这个宇宙可能是谁的创作物""（科学家）认为自己能成为神""玩弄大脑的研究""意识的视觉化""中子炸弹""遥控无人战斗机"……诸如此类的回复。果然，恐怖感也是多种多样的（感谢各位的回复）。

　　我本人非常害怕学校生物课上的解剖，但在某位生物学家看来，再也没有比这更"美丽"的东西了。将人类的遗体塑料化后再进行展示，这究竟是美术还是医学？……由于想法不同，我觉得这也可以说是可怕的。

　　我有一位生物学家朋友，为了知道动物的脑的何处有反应，就杀了该动物，并将其大脑切薄片，然后用显微镜观察。我对于这个行为害怕得不得了。如果和他一起喝酒，等你突然反应过来的时候发现被他"拘禁"，头盖骨已经被削掉，还跟你说："我会把你的大脑切得很漂亮……"不不不，有点妄想过头了。

　　写完这本书，不知不觉中以某种方式领悟到了科学可怕的一面。同时，脑中另一个自己还在说"不是还有比这更可怕的科学吗？"对这次选材感到不满足的另一个自己的存在，这也是事实。

　　最后，感谢从本书的策划到出版都给予我们照顾的PHP编辑团队的田畑博文先生。各位读者，感谢您读到最后！

参考文献

向读者推荐的精选"可怕"科学书籍（并不是文献的罗列）。

《孩提时代的记忆是真的吗》：[巴勒斯坦-英]卡尔·萨巴（Karl Sabbagh）著，[日]越智啓太、雨宫有里、丹藤克也译，日本化学同人出版。

《图解死刑全书》：[法]马丁·莫内斯蒂埃（Martin Monestier）著，[日]吉田春美、大塚宏子译，日本原书房出版。

《H5N1：强毒性新型流感病毒登陆日本的情景》：[日]冈田晴惠著，日本钻石社出版。

《彩色图解黑洞宇宙》：[日]福江纯著，日本Si新书出版。

《隐藏的宇宙（上，下）》：[美]莱恩·格林（Brian

Greene）著，[日]竹内薫监修，[日]大田直子译，日本早
川书房出版。

　　《物理学家朗道》，[日]佐佐木力、山本義隆、桑野
隆编译，日本MISUZU书房出版。